W0075197

# Liebe Leserin, lieber Leser,

*mit diesem Buch haben Sie einen guten Griff getan! Denn egal, was Sie vorhaben – ob Sie modernisieren oder verschönern, ob Sie reparieren oder ein eigenes Möbelstück bauen möchten –, jetzt kann nichts mehr schiefgehen. Die Fachautoren von Europas auflagenstärkstem Do-it-yourself-Magazin „SelberMachen" präsentieren Ihnen Heimwerken auf dem neuesten Stand. Schritt für Schritt werden sämtliche Handgriffe und kleinen Tricks erklärt. Alles, was wir Ihnen hier zeigen, ist vielfach und ausführlich in den Werkstätten von „SelberMachen" getestet und erprobt worden. Wir wünschen Ihnen viel Freude und Erfolg bei all Ihren Selbermacher-Plänen!*

Wolf Dietrich Laatzen

# Einbauschränke – schnell und einfach gebaut

## rororo selbermachen

herausgegeben von Wolf Dietrich Laatzen

Die Reihe rororo selbermachen wird produziert von
der Redaktion der Zeitschrift SelberMachen,
Jahreszeiten Verlag, Hamburg

*Autor und Verlag bedanken sich bei den Firmen
1001 Holzsysteme, Siegburg; Louis Krages, Bremen;
Parador, Coesfeld; Raumplus, Bremen;
Robbi, Melle und Roland System, Siegburg,
die technische Informationen, Fotos und fachlichen
Rat beigesteuert haben, für die freundliche
Unterstützung bei der Entstehung dieses Buchs.*

*Originalausgabe
Veröffentlicht im Rowohlt Taschenbuch Verlag GmbH,
Reinbek bei Hamburg, Januar 1999
Copyright © 1999 by Rowohlt Taschenbuch Verlag GmbH,
Reinbek bei Hamburg
Layout Simone Sander
Umschlaggestaltung Walter Hellmann
(Foto: Petra Stange)
Lithographie Druckformdienst Alphabeta Hamburg
Satz PostScript Sabon und Frutiger auf
Apple Macintosh, QuarkXPress 3.31
Gesamtherstellung Clausen & Bosse, Leck
Printed in Germany
ISBN 3 499 60317 9*

# Inhalt

# Einbauschränke sparen Platz

**Wenn Sie in Ihrer Wohnung wenig Stellplatz für Regale und Schränke haben, aber viel Stauraum benötigen, sind passend eingebaute Möbel die ideale Lösung.**

Von Wand zu Wand und vom Boden bis zur Decke nutzen auf Maß eingebaute Schränke und Regale den vorhandenen Platz optimal aus. Dieses Buch soll Ihnen mit seinen Bauvorschlägen helfen, Ihre persönlichen Platzprobleme zu lösen. Durch die Eigenleistung beim Einbau sparen Sie die Kosten für den Handwerker. Ob es sich um einen begehbaren Schrankraum handelt (Bild 1 und 7), um das Ausnutzen einer Dachschräge bis

# und schaffen Stauraum

in die hinterste Ecke (Bild 2, 3 und 8) oder eine Kombination von Regal und Bodentreppe (Bild 4), Sie müssen kein Fachmann sein. Handwerkliche Grundkenntnisse und eine Standardausstattung mit Werkzeugen reichen für den Nachbau aus. Und der Zeitaufwand hält sich in Grenzen. Für einen der großen Einbauschränke (Bild 5 und 6) braucht man kaum mehr als ein Wochenende, für das Treppenregal etwas länger.

*Großflächige, leicht laufende Gleittüren unter einer Blende mit eingebauten Strahlern verdecken das Regalsystem, das diesen Kleider- und Wäscheschrank so vielseitig macht.*

# Zentimeter Platz verschenkt

**Von Wand zu Wand und vom Boden bis zur Decke, bei diesem Schranksystem wird der vorhandene Platz zu 100 % genutzt.**

Beim genauen Hinsehen ist es kein richtiger Schrank, denn er hat weder Seitenwände noch Boden oder Decke. Er besteht aus einem Regalsystem, das an der Zimmerwand befestigt wird, und einer Front aus Gleittüren, die man zwischen Fußboden und Zimmerdecke einbaut. Das spart viel Material, Arbeitsaufwand und Kosten und nutzt den vorhandenen Platz optimal. Bei guter Vorbereitung braucht man für den Einbau des Schrankes ein Wochenende. Das Regalsystem besteht aus Wandschienen, Trägern, Böden und Körben, das Gleittürsystem aus Schienen, Profilen und Rollen. Die Türfüllungen sind aus Sperrholz, das mit Linoleum beklebt ist.

*Beide Seitenwände* bekommen doppelte Anschlagleisten. Zwischen den Leisten kann man
Wandunebenheiten durch Keile ausgleichen.

*Eine breite Blende,* in die die Leuchten eingelassen werden, kommt an die Decken-Grund-
leiste. Darüber entsteht eine Schattenfuge.

## Ein Rahmen für die Türen

ZumTürensystem, das als Bausatz geliefert
wird, gehören eine durchgehende Boden-
und eine Deckenschiene, Quer- und
Längsprofile für die Türrahmen und die
Laufrollen. Die Füllungen für diese Rahmen können aus beliebigen ca. 8 mm
dicken Platten bestehen. Bei dem hier
gezeigten Schrank ist es 6 mm dickes
Sperrholz, das mit 2,5 mm dickem Linoleum beklebt ist. Je nach persönlichem
Geschmack können die Platten auch mit
Stoff, Fototapeten, Folie oder PVC-Boden-
belag kaschiert werden.
Um die Türenfront herum baut man einen
Rahmen, der aus seitlichen Wandanschlag-
leisten sowie der Boden und der Decken-
schiene besteht. Die Türprofile sind für
Raumhöhen von 250 cm gedacht. Ist der
Raum höher, hängt man die Deckenschie-
ne entsprechend ab. Bei geringerer Höhe
kürzt man die Längsprofile. Querprofile –
die ebenfalls kürzbar sind – gibt es für drei
Türbreiten: 75, 90 und 120 cm.
Gleittür-Bausätze: Roland-System,
Tel. (0 22 41) 543-0.

*Ausgleichstücke* zwischen Grundleiste und
Blende schaffen eine waagerechte Fläche zum
Montieren der Deckenschiene.

*Die Deckenschiene* kann bei sehr breiten Türfronten durchgehend bestellt oder auch aus
Teilstücken zusammengesetzt werden.

*Zum Kaschieren* der Sperrholzfüllungen mit Linoleum ist ein Spezialbodenkleber nötig. Er wird mit dem Zahnspachtel aufgetragen.

*Ein ebener Untergrund* ist nötig, um die beklebten Platten über Nacht trocknen zu lassen. Als Preßdruck mit Gewicht beschweren.

*Die Türprofile* werden bündig auf die Füllungen geschoben und zuerst die unteren Laufrollen in beide Profile eingeklickt.

*Die oberen Rollen* sind federnd aufgehängt und gleichen Deckenunebenheiten aus. Beim Einsetzen mit dem Schonhammer nachhelfen.

*In die Deckenschiene* eingehakt, führen die oberen Rollen die Türen. Das Gewicht wird von den unteren Laufrollen getragen.

*Mit Hilfe einer Stellschraube* an den unteren Rollen werden die Türen zu den Wandleisten und zueinander genau ausgerichtet.

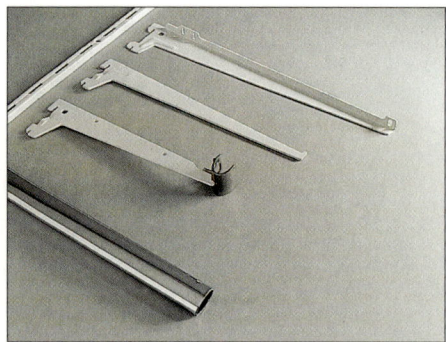

*Träger für Regalböden aus Blech oder Platten-material gibt es in verschiedenen Längen und für unterschiedliche Belastungen.*

*Träger für Kleiderstangen plazieren das Oval-rohr mit einem Wandabstand von 26 cm. Dafür ist eine Schranktiefe von 60 cm nötig.*

*Die Inneneinrichtung des Schranks vor dem Einhängen der Türen. Eine Änderung der Auf-teilung ist jederzeit schnell möglich.*

## Böden, Körbe und Stangen

Grundlage für das eingebaute Regalsystem sind Wandschienen, in deren Schlitze Träger eingehakt werden können. Befestigt man die Schienen im Abstand von 80 cm mit Dübeln und Schrauben an der Wand, passen die lackierten Stahlblechböden und die kunststoffummantelten Drahtkörbe genau dazwischen. Es gibt Körbe mit unterschiedlichen Randhöhen und flache Gitterböden, die den Schrankinhalt über-sichtlich machen und für eine gute Belüf-tung der Wäsche sorgen.

Träger, auf denen man auch durchgehende Spanplattenböden plazieren kann, gibt es für Regalbodentiefen von 10 bis 60 cm. Kleiderstangen kann man mit Spezialhal-tern direkt unter die Böden schrauben oder Träger verwenden, die an ihrem Ende eine Tragmulde für Ovalrohr besitzen.

Da sich alle Träger des Systems mit einem Handgriff wieder aus der Schiene heraus-nehmen lassen, ist das System sehr flexibel und kann geänderten Platzanforderungen schnell angepaßt werden (Element-System, in Bau und Heimwerkermärkten).

### Der vorgesehene Schrankinhalt bestimmt die Regaltiefe.

*Die Tiefe der Regalböden ist abhän-gig von der geplanten Schranknut-zung. Sollen Bekleidungsstücke auf Bügeln untergebracht werden, sollte der Abstand von der inneren Gleittür bis zu der rückwärtigen Zimmerwand mindestens 60 cm betragen. Dann las-sen sich die Türen schieben, ohne daß sie an den Kleidungsstücken scheu-ern. Wird nur Liegewäsche untergebracht, reichen als Abstand 30 cm aus.*

# Ponal – den Holzleim haben wir erfunden.

Ponal - hat sich nunmehr seit fast 40 Jahren als echter Spezialist für Holz und Holzwerkstoffe bewährt.

Tradition und Innovation sind dabei stets eng verbunden – so wie das Holz mit Ponal.

**Ponal - so stark wie Holz.**

Durch ein System aus
kunststoffbeschich-
teten Gitterelemen-
ten läßt sich der
Innenraum nach
Bedarf einrichten.

# Lamellentüren verborgen

**Viel Platz bietet dieser Schrank von Wand zu Wand, dessen schwenkbares Mittelteil ein besonderes Geheimfach verbirgt.**

Lamellentüren, in leuchtendem Blau gebeizt, verdecken hier das variable Innenleben des Schlafzimmerschranks. Die 40 cm breiten Türen sind paarweise verbunden und werden zur Seite gefaltet. So brauchen sie vor dem Schrank weniger Platz als breite Türen, die aufgedreht werden, und geben in geöffnetem Zustand fast die ganze Schrankbreite frei. Bei Schiebetüren ist jeweils die Hälfte verdeckt. Die hier gezeigten Türen gibt es raumhoch in drei Breiten: 40, 50 und 60 cm. Zur Auflockerung der Schrankfront und gleichzeitig als Ausgleich für das durch die Türbreite entstehende Raster wurde ein Mittelschrank eingebaut. Er hat einen quadratischen Grundriß, ist aber übereck zwischen die beiden Schrankhälften gesetzt. Dreiecke an der Deckenblende greifen die vorstehende Ecke des Mittelschranks wieder auf. Der besondere Trick: Dieser Schrank läßt sich aus dem Korpus herausdrehen.

## Varianten

*Der ausgleichende Raum zwischen den Schrankelementen kann auch mit einem Vorhang verschlossen werden, einen Schreib- oder Schminkplatz mit vorgehängter Jalousie beherbergen, oder man baut ein einfaches offenes Regal dazwischen (v. l. n. r.).*

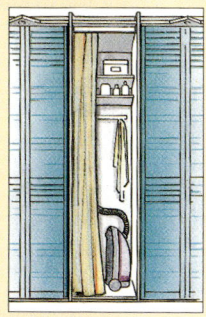  

*Herausgeschwenkt* gibt der Mittelschrank das verborgene Abteil frei. Nutzbar als Geheimfach oder für sperrige Gegenstände.

## Die Höhe läßt sich ausgleichen

Die raumhohen Türen, die es mit offenen und geschlossenen Lamellen gibt, sind 243 cm hoch. Rechnet man Deckenblende, Deckenschiene und Bodenlager dazu, ergibt sich eine passende Raumhöhe von 250 cm. Ist die Decke höher, unterfüttert man die Deckenschiene entsprechend, ist die Decke niedriger, kann man die Türen oben und unten um jeweils bis zu 3 cm kürzen. Bei dem hier gezeigten Schrank besteht die Konstruktion zwischen der Führungsschiene für die Türen und der Zimmerdecke aus zwei 19 mm dicken Spanplattenstreifen. Der obere Streifen springt zurück, damit sich zur Decke eine Schattenfuge ergibt. Deckenunebenheiten gleicht man durch Zwischenlagen aus. Die beiden Schrankabteile, die jeweils durch zwei Türpaare verschlossen werden, baut man getrennt zwischen Zimmerwand und Mittelschrank ein. Die untere Deckenblende bekommt dreieckige Vorsprünge angedübelt, in die kleine Halogenstrahler eingelassen werden. An den Außenseiten befinden sich jeweils Paßleisten zwischen Wand und Türen.

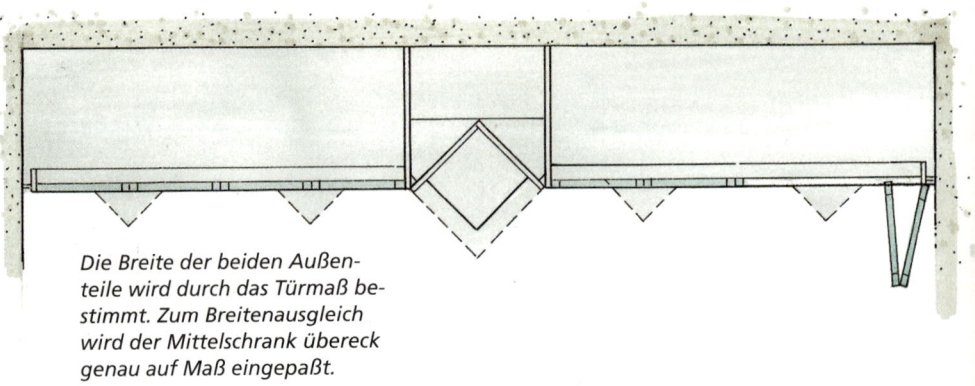

*Die Breite der beiden Außenteile wird durch das Türmaß bestimmt. Zum Breitenausgleich wird der Mittelschrank übereck genau auf Maß eingepaßt.*

# schwenkbaren Mittelschrank.

*Die Deckenblende,* die den Ausgleich zur Dek-kenhöhe schafft, bekommt Dreiecke ange-setzt, die die Leuchten aufnehmen.

*Die Laufschiene* wird an die Blende ge-schraubt, und die Leuchten werden einge-baut bevor man die Blende montiert.

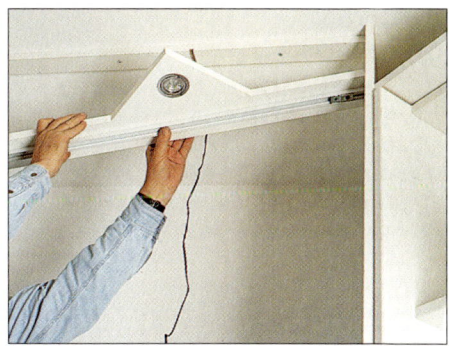

*Zwischen Unterleiste* und Blende kann man Ausgleichstücke oder Keile setzen, um Un-ebenheiten in der Decke auszugleichen.

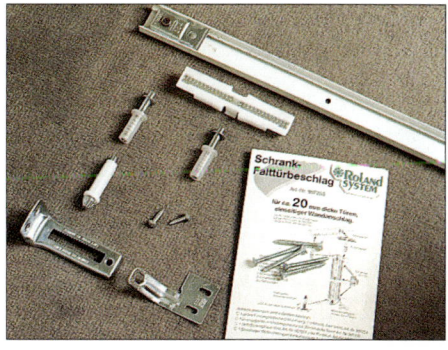

*Der Falttürbeschlag* besteht aus der Decken-schiene, festem Boden- und Decken-Drehla-ger, den Zapfen und dem Gleitschlitten.

*Der feste Zapfen* mit Verstellmöglichkeit in der Höhe wird unten, die beiden Federzapfen oben in die Türen eingesetzt.

*Spezialscharniere,* die dem Beschlagsatz bei-liegen, halten das Türpaar zusammen. Pro Paar sind jeweils drei Scharniere nötig.

*Das Drehlager* in der Schiene nimmt den Federzapfen auf. Zum Justieren kann es in der Schiene seitlich verschoben werden.

*Der feste Zapfen* kommt in das Bodenlager. In der Höhe und seitlich ist er verstellbar. Die Tür ist hier zur Verdeutlichung stark angekippt.

*Der zweite Federzapfen* kommt in den Schlitten der Schiene. Dieses Foto zeigt die aufgefalteten Türen von der Schrankinnenseite.

## Naturholz oder farbig

*Die Lamellentüren gibt es schwarz oder weiß deckend lackiert und mit unbehandelter Oberfläche. Das fein geschliffene Kiefernholz der rohen Ausführung kann farblos lackiert, gewachst oder in einem beliebigen Farbton gebeizt und dann lackiert werden. Auch ein deckender Farbanstrich mit Buntlack ist möglich.*

## Federzapfen halten die Türen

Der Drehpunkt des Türpaars liegt jeweils an der Außenseite des Schrankabteils. Der untere Zapfen ist in der Höhe verstellbar. die beiden Federzapfen oben greifen auf der Außenseite in eine festes Drehlager und zur Schrankabteilmitte in einen leicht in der Schiene gleitenden Schlitten. Auf eine Bodenschiene kann bei dieser Dreipunktaufhängung verzichtet werden. Durch Verschieben der Zapfen – unten im Bodenlager, oben in der Schiene – werden die Türen zu den Paßleisten und zum zweiten Türpaar ausgerichtet. Lamellentüren und Falttürbeschläge: Roland-System, Tel. (0 22 41) 5 43-0.

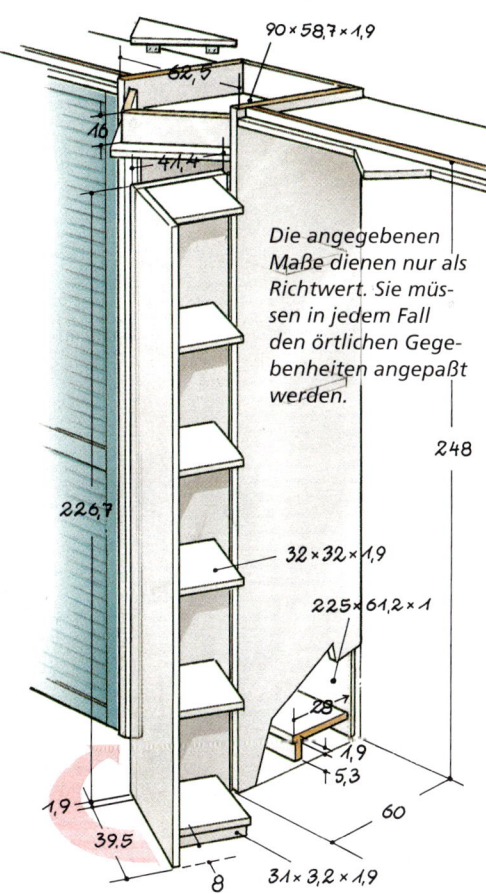

90 × 58,7 × 1,9

62,5

16

47,4

Die angegebenen Maße dienen nur als Richtwert. Sie müssen in jedem Fall den örtlichen Gegebenheiten angepaßt werden.

248

226,7

32 × 32 × 1,9

225 × 61,2 × 1

28

1,9

5,3

1,9

60

39,5

8    31 × 3,2 × 1,9

*Die Einzelteile* vom Schrankkorpus und dem Schwenkregal werden mit Hilfe von Spanplatten-Verbindungsschrauben zusammengesetzt.

*Die Blende* wird auf Gehrung zusammengeleimt und lose auf dem Schrankkorpus plaziert. Sie verdeckt den Halogentrafo.

## Der schwenkbare Mittelschrank

Spanplatte, weiß beschichtet und 19 mm dick, ist das Baumaterial für den Mittelschrank. Der Schrankkorpus ist deckenhoch und wird vor Ort stehend zusammengeschraubt. Eine herausnehmbare, winkelförmige Blende auf dem Schrank verdeckt den Trafo, der die Halogenstrahler versorgt. Der schwenkbare Einsatz ist niedriger und kann deshalb am Boden zusammengeschraubt und hochgekippt werden. Angeschlagen wird dieser Schrank wie eine Tür mit einem Stangenscharnier (Klavierband). Das Gewicht des Schrankes ruht auf einer festen Bockrolle, die sich unsichtbar unter dem Sockel befindet.

*Der schwenkbare Einsatz* füllt nur die Hälfte der Schranktiefe aus. Der Raum dahinter kann als Geheimfach genutzt werden.

# Ein großer Spiegel

Die mittlere
Schiebetür besteht
aus einer Span-
platte, auf die
ein passend
zugeschnittener
Spiegel geklebt
wurde.

# wird zur dritten Schiebetür

**Fest eingepaßt, aber gebaut wie ein frei aufstellbarer Schrank mit komplettem Korpus, ist dieser Schlafzimmerschrank mit drei großen Schiebetüren.**

Der Korpus dieses Schranks besteht aus Seitenwänden, Trennwänden, Boden und Decke sowie festen und verstellbaren Böden. Verschlossen wird der Schrank durch Schiebetüren, und das in zwei Etagen. Die untere Etage ist zwei Meter hoch und hat Kleiderstangen, einfache Borde, Drahtkörbe und ein Fach für ein eingebautes TV-Gerät. Die Etage darüber ist 30 cm hoch und als Stauraum für Koffer, Taschen und Kartons gedacht. Baumaterial für diese Teile ist weiß beschichtete Spanplatte in einer Dicke von 19 mm. Plattenwerkstoffe dieser Art, die durch die geschlossene Oberfläche nicht nur gut aussehen, sondern auch leicht zu pflegen sind, gibt es in unterschiedlichen Farbtönen, mit apfelsinenartiger Oberflächenstruktur und in geprägter Holzmaserung. Wer seinen Schrank im Holzlook bauen möchte, kann zu verschiedenen Dekoren, von sehr hell (z. B. Esche) bis ganz dunkel (z. B. Eiche dunkel) greifen. Reizvoll kann auch eine Mischung von zwei unterschiedlichen Farben oder Dekoren sein. Eine Unterbrechung der großen weißen Flächen, aus denen unsere Schrankfront besteht, erfolgt durch massive Rahmenleisten, die die Platten für die Türen einfassen. Auch dabei gibt es verschiedene Gestaltungsmöglichkeiten: starker Kontrast durch helle Türfronten und dunkel gebeizte Leisten oder – wie bei unserem Bauvorschlag – helle Fronten und helle Rahmenleisten aus Kiefernholz.

*Die Verbindungsbeschläge* besteht aus zwei Teilen, die beide in Randlochbohrungen gesetzt werden. Die Bohrmaschine muß dazu in einem Ständer fixiert sein.

*Die Laufschienen* für die Rollen und Gleiter der kleinen Schiebetüren sind aus Kunststoff. Zum Einlassen werden die Platten mit der Oberfräse oder einer Kreissäge geschlitzt.

## Eine Stückliste für das Material

Mit einer gründlichen Planung des Bauvorhabens kann man sich viel Arbeit und Lauferei ersparen. Zu dieser Planung gehört das Anfertigen einer genauen Bauzeichnung, die alle örtlichen Gegebenheiten und die besonderen Wünsche für die Innenaufteilung berücksichtigt.
Die Zeichnung muß in jedem Fall maßstabsgerecht sein, damit man die Proportionen schon auf dem Papier ersehen kann. Wer Probleme hat, sich die Aufteilung nach der Zeichnung in der Realität vorzustellen, kann die Schrankaufteilung auch 1 : 1 auf der Wand hinter dem zukünftigen Schrank aufzeichnen. Aus der Zeichnung und den gemessenen Werten ergeben sich die Maße der einzelnen Bauteile und ihre Anzahl. Aus diesen Angaben entsteht dann die Stückliste. Auch die Anzahl der benötigten Verbindungsbeschläge, Schrauben und Zubehörteile wird aufgelistet. So vorbereitet kann man das gesamte Material bei einem Baumarktbesuch einkaufen. Die Teile sollte man dort direkt nach der Stückliste zuschneiden lassen.
Alle später sichtbaren Kanten der Spanplatten bekommen Umleimer, die aufgebügelt werden.
Verbunden werden alle Korpusteile mit Stabilofix-Verbindern, die mit Hilfe eines 35-mm-Forstnerbohrers in der Bohrmaschine und einem Bohrständer eingelassen werden. Sie haben den Vorteil, daß sie beim Zusammenfügen der Bauteile in die Gegenstücke einrasten und die Teile sofort lose zusammenhalten. Durch Anziehen einer Schraube dreht sich im Beschlag ein Exzenter, der die Beschlagteile fest zusammenzieht. Ein weiterer Vorteil dieses Beschlages: Für Korrekturen oder auch bei einem Wohnungswechsel kann die

# Menge Arbeit beim Bau ersparen.

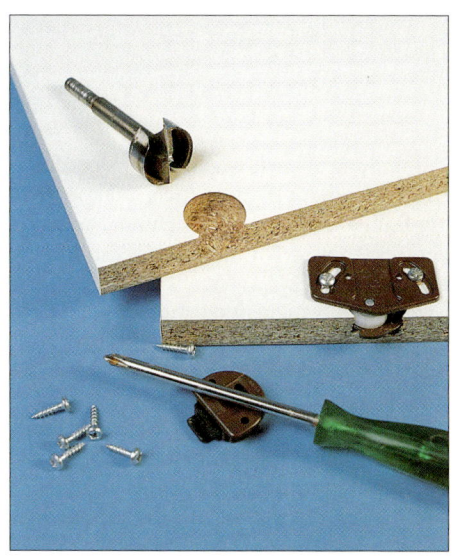

*Rollen und Gleiter* der kleinen Türen werden in das Material eingelassen. Dazu werden Randlochbohrungen mit einem Durchmesser von 35 mm benötigt.

*Mit Leim und Dübeln* verbindet man die auf Maß zugeschnittenen Massivholzteile für die Rahmen der großen Türen. Zum Pressen der Verbindungen sind Spannbänder geeignet.

*Mit der Oberfräse* wird auf der Rückseite ein 10 mm tiefer Falz angebracht, in den die beschichteten Spanplatten gesetzt werden. Die Ecken mit dem Stechbeitel nacharbeiten.

*Die Führungsschienen* für die unteren Gleitrollen der großen Türen schraubt man gegen die Sockelblende. Die Rollen werden von hinten gegen die Türrahmen geschraubt.

*Die Verbinder* setzt man schon vorher in die gebohrten Randlöcher. Die Schrankteile werden auf dem Boden zusammengesteckt und dann die Exzenterschrauben angezogen.

Verbindung schnell wieder gelöst werden. Am besten baut man den Schrankkorpus am Boden liegend zusammen und stellt ihn dann erst senkrecht an seinem Bestimmungsort auf.

Rollen und Schienensysteme gibt es in verschiedenen Ausführungen für unterschiedliche Belastungen und Türengewichte. Wir haben für unseren Schrank oben leichte Kunststoffrollen und Schienen zum Einlassen verwendet, bei denen das Gewicht auf den unteren Laufrollen ruht. Die schwereren unteren Türen hängen an stabilen Rollen, die in Stahlschienen laufen. Unten wird nur eine leichte Schiene mit Gleitern als Führung benötigt.

*Zum Aufrichten* und Schieben auf dem Fußboden legt man als Gleithilfe Teppichreste unter. Am endgültigen Standpunkt den Korpus mit Wasserwaage und Keilen ausrichten.

## Körbe für kleine Teile

*Kleine Wäschestücke, Socken und Handschuhe lassen sich platzsparend und übersichtlich in kunststoffüberzogenen Drahtkörben unterbringen. Diese Körbe, die es in verschiedenen Breiten und Tiefen gibt, werden wie Schubkästen auf leichtgängigen Kugelauszügen aus dem Schrank herausgezogen.*

# Schrankkorpus aufgerichtet.

*Der Oberboden* besteht aus zwei Teilen, die vorn um 8 cm vor den Korpusteilen überstehen. Der Überstand wird zum Plazieren der Laufschienen benötigt.

*Die Türengleiter* der kleinen Staufachtüren werden in die oberen Laufnuten eingeführt, die Türen angehoben und dann die Rollen in die untere Schiene gehoben.

*Stabilere Rollen* werden für die schweren unteren Türen benötigt. Die Laufschiene aus Stahl kommt von unten gegen den Oberboden. Rollen und Schiene verdeckt eine Blende.

*Die großen Türen* werden zum Einhängen der Rollen in die Schiene schräg gehalten und eingerastet. Die unteren Führungsrollen laufen gegen eine Schiene und sind nicht sichtbar.

# Genau eingepaßt: ein

Die unterschiedlichen Höhen der Einbauten nutzen den Platz optimal. Der Platz über dem Schubkastenteil bietet Raum für kurze Mäntel und für Jacken auf Bügeln.

# großer Garderobenschrank

**Wenn Sie mehr von Ihrer Garderobe erwarten als ein paar Haken und einen Spiegel mit Ablage, sehen Sie sich diesen Bauvorschlag an: Er bietet mehr.**

Die meisten Flure in Reihenhäusern sind beengt und sollen trotzdem Raum für die Garderobe der Bewohner und Gäste und Stauplatz für viele Kleinigkeiten wie Hüte, Mützen, Handschuhe, Taschen und das Schuhputzzeug bieten. Auch die Gummistiefel, der Turnbeutel und die Fahrradhelme wollen untergebracht werden. Unser Schrank bietet genügend Platz dafür. Und da sich alles hinter verschlossenen Türen abspielt, sieht der Flur immer aufgeräumt aus.
Damit diese Türen beim Aufdrehen nicht zuviel Platz beanspruchen, habe wir vier 40 cm breite Lamellentüren eingebaut, die paarweise zu Falttüren verbunden sind. Die roh gelieferten Türen haben wir beidseitig zweimal blau lackiert. Angeschlagen sind diese Türen mit einem speziellen Falttürbeschlag, der die mit Scharnieren verbundenen Türpaare am seitlichen Drehpunkt fixiert und beim Bewegen oben an einer Schiene führt. Diese Schiene wird an dem obersten Boden des Schranks befestigt. Der Schrankkorpus, der genau passend in die 175 cm breite Nische eingebaut wurde, besteht aus weiß beschichteter Spanplatte, deren sichtbare Kanten durch Kiefernleisten als Vorleimer geschützt sind. Aus dem gleichen Holz bestehen auch die Blenden der eingebauten Schubkästen. Senkrechte Blenden außerhalb der Türen gleichen die Differenz zwischen der Breite der Türenfront und der Nischenbreite aus.

# Der **Garderobenschrank** füllt die

*So sieht die Nischenlösung bei unserem Schrank aus. Der vorhandene Platz wird gut genutzt.*

61

176

68

## Falttüren nehmen beim Öffnen wenig Platz in Anspruch

Die hier von uns gezeigte Lösung ist genau auf die örtlichen Gegebenheiten zugeschnitten. Für die Situation in Ihrem Haus müssen Sie den Schrank individuell planen. Die günstigste Lösung ist der Einbau in eine Nische zwischen zwei Wänden. Dabei lassen sich häufig unansehnliche Stromzähler oder Rohre bzw. Rohrschächte mit verkleiden. Die nutzbare Innentiefe des Schranks sollte mindestens 60 cm betragen. Dieses Maß wird benötigt, wenn eine Stange für Kleiderbügel eingebaut werden soll. Wollen Sie den Schrank mit fertigen Lamellentüren verschließen,

stehen dafür Türbreiten von 30, 40, 50 und 60 cm zur Wahl. Reicht der Platz für vier Türen, können Sie mit zwei Falttürpaaren arbeiten. Läßt sich die zur Verfügung stehende Breite nur durch drei Türbreiten teilen, geht es auch mit einem Falttürpaar und einer normalen Drehtür. Geringe Breitendifferenzen werden durch seitliche Blenden ausgeglichen. Die Inneneinrichtung kann unabhängig von der Türenaufteilung geplant werden. Denn die Türen werden nicht an Schrankseiten oder Trennwänden befestigt, sondern in der Schiene und am Fußboden.

28

**Auf Nischenbreite** schneidet man die Falttürenschiene zu. Für die Federzapfen werden oben und für das Drehlager unten Löcher in die Stirnseiten der Türen gebohrt.

**Mit je drei Scharnieren** werden die Türen zu Paaren verbunden. Die Lappen der Scharniere sind so dünn, daß sie kaum auftragen. Sie müssen nicht in das Holz eingelassen werden.

**Zweimal streichen** muß man die Türen. Damit sie sich nicht verziehen, die Lackierungen von beiden Seiten vornehmen. Sollen sie Natur bleiben, reicht ein beidseitiger Wachsauftrag.

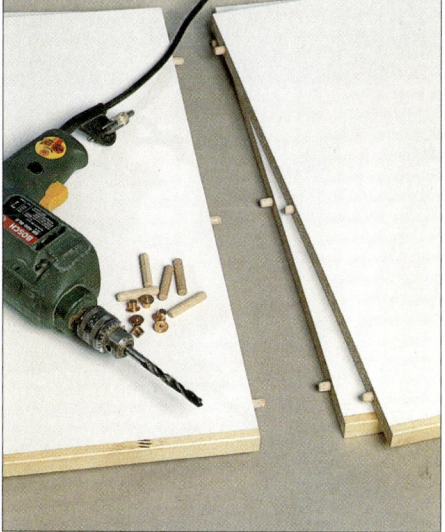

**Die Korpusteile** des Schranks bekommen Vorleimer aus Leisten. Verbunden werden die Teile mit Leim und Dübeln. Beim Anzeichnen der Gegenbohrungen helfen Dübelmarker.

*Mit einer Bohrlehre* aus Restholz, beidseitig mit Anschlagleisten versehen, ist gewährleistet, daß die Löcher für die Bodenträger an allen vier Punkten genau übereinstimmen.

## Verdübeln und verleimen

Die aufrechten Teile der Inneneinrichtung und die festen Konstruktionsböden werden miteinander verdübelt und verleimt. Dazu die Dübellöcher zuerst in die schmale Kante bohren und dann die Bohrpunkte mit Dübelmarkern auf die anstoßende Fläche übertragen. Vor dem endgültigen Verbinden der Teile sollten die Rollauszüge für die Schubkästen angeschraubt werden. Nach dem Zusammenbau läßt es sich in den schmalen Zwischenräumen schlecht arbeiten. Auf die fertig verleimten Schrankteile kommt der obere Boden, der mit den Senkrechten nur verschraubt wird. Als Auflager für den Boden auf der Stangenseite wird ein Plattenzuschnitt an die Nischenwand gedübelt.

*Die Schubkästen* bestehen aus 10 mm dickem Sperrholz mit einer Blende aus Kiefernleimholz. Die Teile mit Leim zusammensetzen und verstiften. Dann die Rollauszüge montieren.

*Mit Stuhlwinkeln* werden die Seitenblenden an der Nischenwand befestigt. Die linke Schrankseite wird mit der Blende verschraubt, auf der rechten Seite steht die Blende frei.

**Der Oberboden** wird auf den Schrankkorpus gelegt und von oben verschraubt. Der Boden steht vier Zentimeter vor. An diesem Überstand wird dann die Schiene befestigt.

**Schrankstangenlager** kann man selber aus einem Leimholzrest fertigen. Ein Loch im Durchmesser der Stange bohren und mit zwei Sägeschnitten schräg zum Rand hin erweitern.

**Die Türen** oben mit den Federzapfen in die Lager setzen, ausrichten und die Position für das Bodendrehlager festlegen. Kleine Korrekturen sind auch später noch möglich.

**Das Bodenlager** muß angeschraubt werden. Bei Holzböden reichen Holzschrauben, bei Steinböden mit Hilfe eines Bohrhammers zwei Dübel setzen und dann anschrauben.

Mit einem vorgefertigten
Möblierungssystem wurde
dieser Raum vorbildlich eingerichtet. Jetzt kann er, dank
des eingebauten Tisches,
als Eß- und Arbeitszimmer
optimal genutzt werden.

# Maß aus dem Baukasten

**Auf den Zentimeter genau kann man sich aus diesem Baukastensystem die Möblierung des Arbeits- oder Wohnzimmers zusammenstellen und aufbauen.**

Selbermachen muß nicht immer bedeuten, daß alles selber gemacht wird. Auch ohne Profiausrüstung und einen umfangreichen E-Werkzeugmaschinen-Park kann man durch Eigenleistung viel Geld sparen. Dieses Möbelsystem ist ein gutes Beispiel dafür. Mit einer Planungsmappe des Herstellers und der Unterstützung des Holzhändlers, bei dem man die Teile des Systems kaufen kann, stellt man sich die Möblierung zusammen. Dabei kann man mit Standard- und Spezialteilen aus dem umfangreichen Programm fast alle anstehenden Platz- und Einrichtungsprobleme lösen. Und wenn es nicht passen will, sind auch Sonderanfertigungen möglich. Bei guter Planung ist dann der Einbau der gelieferten Teile fast ein Kinderspiel.

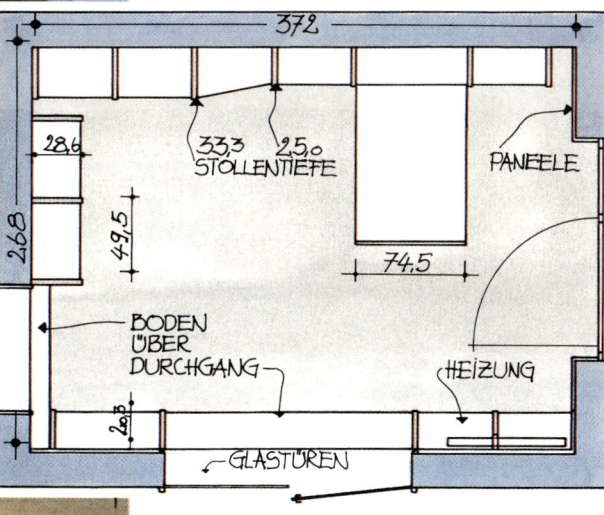

*Die Decke des einzurichtenden Zimmers bekam vor dem Einbau der Möbel eine Paneeldecke. Die Oberfläche ist, wie die Möbeloberfläche, weiß mit Eschenstruktur.*

## Das umfangreiche Angebot

Das tragende Gerüst des Regalsystems sind senkrechte Stollen, zwischen die die Böden, Schrankelemente, Türen und andere Einbauteile gesetzt werden. Diese Stollen gibt es für Höhen von 25,5 cm bis 249,5 cm zuzüglich 9,5 cm Sockel. Für die unterschiedlichen Zwecke sind Regaltiefen von 60, 50, 33,3 und 25 cm lieferbar. In der Höhe lassen sich auch verschiedene Tiefen stufenweise kombinieren. Die Breiten der Einbauteile, die zwischen die Stollen kommen, werden im 16,6-cm-Raster angeboten. Außer der hier gezeigten weißen Oberfläche mit Eschenstruktur gibt es die Systemteile mit vielen Holzoberflächen von heller Esche bis zur dunklen Eiche.

*Beleuchtet wird das Regal von verstellbaren Strahlern, die in die Deckenpaneele eingelassen werden. Zum Anzeichnen des Ausschnitts wird eine passende Schablone mitgeliefert.*

*Der Aufbau der Möbel beginnt mit der Verteilung der Stollen in der geplanten Reihenfolge. Für unsere Wand wurden Stollen in den Breiten 25 und 33,5 cm verarbeitet.*

*Mit der Handsäge* werden die Stollen auf die richtige Höhe gebracht. Um das Ausreißen der Sägekante weitgehend zu vermeiden, den Schnittbereich mit Tesakrepp abkleben.

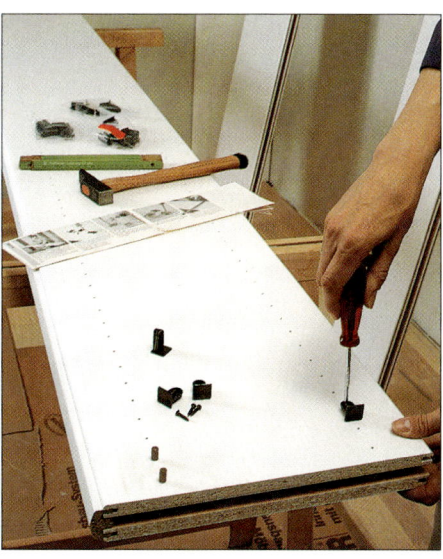

*Bei dem Möbelsystem* kann man die Verbindungsbeschläge vor dem Aufrichten einsetzen. Die Gegenstücke der Beschläge kommen in die Aussparungen der Konstruktionsböden.

*Montageleisten,* mit deren Hilfe die Stollen befestigt werden, montiert man mit Dübeln und Schrauben an das Mauerwerk. Wasserwaage und Winkel helfen beim Ausrichten.

*Die Stollen* schiebt man über die Montageleisten und fixiert sie daran mit seitlich eingedrehten Stichschrauben. Den Stollenabstand geben die Konstruktionsböden vor.

**Der unterste Boden** liegt auf dem Sockel, der mit besonderen Beschlägen eingesetzt wird. Zuvor werden die Stollen ausgerichtet und gegebenenfalls mit Keilen unterfüttert.

**Die Zimmertür** wird optisch in das Möbel einbezogen. Über der Türöffnung wird ein Paneel nach Maß eingesetzt und mit einer Deckleiste abgeschlossen.

**Der Tisch,** genau zwischen zwei Stollen eingepaßt, wird aus Platte und Fußgestell zusammengebaut. Die Platte kann selber auf das gewünschte Maß gekürzt werden.

**Die Vorteile des Höhenrasters:** Die oberen Böden der geschlossenen unteren Schrankelemente liegen genau auf der Höhe der Tischplatte. Das ergibt eine durchgehende Linie.

### Die Reihenfolge beim Aufbau wird durch das System vorgegeben

Gleichzeitig mit dem Regal wurde in unserem Fall eine Verkleidung der Decke in gleicher Holzart vorgenommen. Wenn die Regalwand eine eigene Rückwand haben soll, wird die Zimmerwand mit raumhohen Wandpaneelen verkleidet. Der Aufbau des Regals beginnt mit dem Vorbereiten der Teile. Deckenhohe Stollen müssen entsprechend der Raumhöhe genau abgelängt und mit den Verbindungsbeschlägen versehen werden. An der Wand und an der Decke werden diese Stollen mit Montageleisten befestigt. Sie werden über die angedübelten Montagelei-

sten geschoben und durch Stichschrauben gehalten. Die Verbindung zum nächsten Stollen bilden Konstruktionsböden, von denen – je nach Stollenhöhe – zwei oder drei pro Regalelement eingesetzt werden. So arbeitet man sich Stollen für Stollen voran. Alle weiteren Einbauten (z. B. Türen, Schubkästen oder Tisch), die zwischen die Stollen kommen, setzt man erst nach dem Aufstellen und Ausrichten des kompletten Regals ein.
Informationen über das System über den Holzfachhandel oder vom Hersteller Parador Holzwerke, Tel. (0 25 41) 7 36-0.

Die Schrankfront in der Ansicht. Regal und geschlossene Schrankteile sind von außen nutzbar, in dem durch Pendeltüren zugänglichen Innenraum bietet ein Regalsystem an beiden Seiten viel Platz.

# Möbel mit viel Tiefe

*Ein begehbarer Schrank bleibt für viele ein Traum. Zu Unrecht: Ist genug Platz vorhanden, kann man eine Kammer dafür abteilen.*

Viel Platz für Kleider und Anzüge, endlich ein Abstellort für Haushaltsgeräte, Bügelbrett, Leitern, Wäschekörbe, die Schuhe einmal nicht übereinanderschichten müssen – ein geräumiger begehbarer Schrank ist die Verwirklichung all dieser Wünsche. Ist aber das Schlafzimmer groß genug, kann man sich ein Segment für einen begehbaren Schrank abteilen.

Von der Frontseite her gesehen ist unser Kleiderschrank mehrgliedrig aufgebaut. Diese optische Aufteilung ergibt sich durch die Lamellentüren und das eingefügte Regalteil. In der Konstruktionszeichnung erkennt man die Brückenform aus drei Schrankkorpussen: dem schmalen Element links des Durchgangs, einem Doppelelement rechts und einem quer aufgesetzten Dachteil. Darunter bleibt der Durchgang in den begehbaren Teil, der durch Pendeltüren abgetrennt wird. Als Grundmaß verwendet man die verfügbaren Türmaße. Für diesen Bauvorschlag wurden Lamellentüren verarbeitet, die es in drei Breiten und fünf Höhen gibt. Eine individuelle Maßanfertigung wird diese Schrankfront durch das Regalelement, das den Restabstand zur Wand in der Breite ausfüllt. Bleibt ein Spalt zur Decke hin, wird eine Holzblende angesetzt.

Als Baumaterial für den Schrankkorpus bietet sich 19 mm dicke Tischlerplatte an. Sie hat Echtholzfurnier, im Beispiel in Esche, das man in jedem Farbton lasieren oder beizen und dann lackieren kann. Alle sichtbaren Kanten werden mit Umleimern aus Holzfurnier abgedeckt.

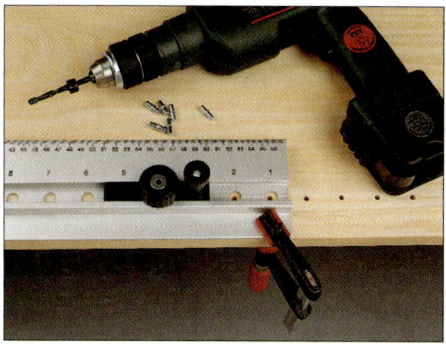

*Mit einer Bohrlehre werden die Löcher genau passend in die Seitenteile gesetzt, die die Bodenträger der Einlegeböden aufnehmen.*

*Seitenteile und feste Böden werden durch Schrauben verbunden. Auf diese Art wird der ganze Schrankkorpus zusammengebaut.*

*Die Sockelbretter werden mit den Blenden montiert. Der schmale Schlitz an der Blendenkante gewährleistet die spätere Umlüftung.*

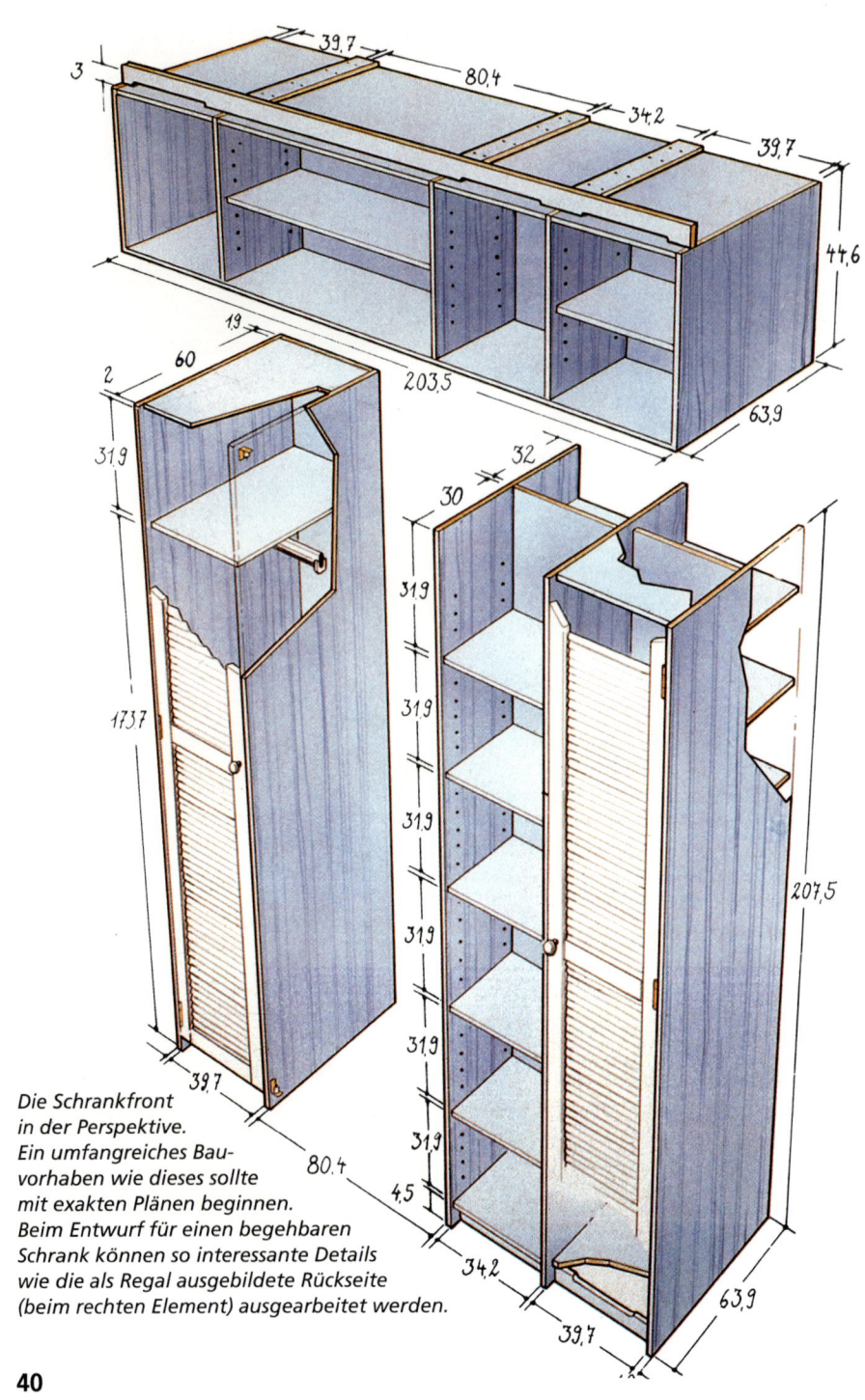

Die Schrankfront
in der Perspektive.
Ein umfangreiches Bau-
vorhaben wie dieses sollte
mit exakten Plänen beginnen.
Beim Entwurf für einen begehbaren
Schrank können so interessante Details
wie die als Regal ausgebildete Rückseite
(beim rechten Element) ausgearbeitet werden.

*Mit Keilen* und Unterlagen werden die Korpusse exakt gleich hoch und waagerecht ausgerichtet, nicht ganz leicht bei Teppichboden.

Sind die Korpusse der Schrankelemente zusammengesetzt (s. Fotoreihenfolge), kann man sie vor der endgültigen Aufstellung senkrecht ausrichten. Später ist hierfür kaum noch Gelegenheit. Die blaue Färbung des Beispielschranks zeigt: Der Anstrich sollte vor der Montage erfolgen. Sorgfältig geplant, werden die Türen des Schranks gleich mit den Schrankplatten gekauft. Die Auswahl an Schranktüren ist enorm groß. Nicht jeder Händler führt die Programme aller Hersteller – ein Modell- und Preisvergleich bei verschiedenen Märkten ist daher keine vergeudete Zeit. Wer dabei nur Türen findet, die zu lang sind, sollte wissen, daß man die meisten Modelle mit der Kreissäge einfach kappen kann, ohne Schaden anzurichten. Wichtig bei der Planung außerdem: die Art, wie die Türen geöffnet werden sollen. Normale Drehtüren benötigen Platz vor dem Schrank, nur etwa die Hälfte des Platzes brauchen Falttüren. Die größte Freiheit bieten Schiebetüren: Sie schwingen überhaupt nicht aus.

*Endmontage:* Der obere Brückenkorpus wird auf die beiden Trägerelemente gesetzt. Nochmals den Stand mit der Wasserwaage prüfen!

*Die Montage* der Sockelblenden – der Schrank liegt auf dem Gesicht: Für exakt fluchtende Positionen sorgen die schmalen Eckleisten.

*Die Schranktüren* sind zu lang. Kein Problem: entlang eines Anschlags abschneiden und eine neue Abschlußlamelle ansetzen.

# Als **Inneneinrichtung** wird ein System

*Ein Hilfsklotz,* der bei der Montage unter die Türen gelegt wird, ist äußerst nützlich: Er sorgt für eine gleichmäßige Einbauhöhe.

*Die Pendeltürbeschläge* gewährleisten, daß die Durchgangstüren nach beiden Seiten aufschwingen und selbsttätig wieder schließen.

*Magnetschnäpper* halten die Türen geschlossen. Sie werden in Griffhöhe an den Seitenwänden und an der Türinnenseite montiert.

Die Schrankelemente stehen. Dann kommen die Türen an die Reihe. Sie werden mit vorgefertigten Beschlägen aus dem Baumarkt mit den Korpussen verbunden. Je nach Gewicht der Türen kann man Topfscharniere verwenden oder, wie im Beispielschrank, einfache Blechscharniere, die kaum auftragen. Sie werden zunächst am Türrahmen festgeschraubt, von einem Helfer in der richtigen Montageposition vor den Korpussen gehalten und mit Holzschrauben an den Seitenwänden des Schranks festgesetzt. Die Türen, die den Durchgang verschließen, sollen wie Saloontüren nach beiden Seiten schwingen. Sie erhalten deshalb Pendeltürbeschläge, die in zwei Richtungen öffnen. Ist alles dran, fehlt nur noch der Schrankinhalt.

### Die farbliche Gestaltung: Gutes für Holzoberflächen

*Lasuren und Beizen können Holzoberflächen tönen. Die gebräuchlichsten Beizen sorgen für einen bestimmten Holzton. Es gibt aber auch Buntbeizen in den verschiedensten Farben. Sie werden nach dem Schleifen des Holzes aufgestrichen und danach mit farblosem Lack geschützt.*

# aus Regalschienen eingebaut.

Die Inneneinrichtung des begehbaren Teils ist ein Regalsystem, das aus Wandschienen, Trägern und darauf liegenden Regalböden besteht.

# Möbelbauteile verbinden

*Eine große Zahl unter-
schiedlicher Beschläge, die
größtenteils aus dem Profi-
bereich kommen, helfen
dem Selbermacher, seine
Projekte zu verwirklichen.*

Sollen Möbel mit geringem Gewicht und
überschaubaren Maßen gebaut werden,
sind zum Verbinden der Einzelteile Leim
und Dübel die richtigen Mittel. Sind die
Möbel größer, müssen sie zum Transport
zerlegbar sein. Sonst passen sie durch
keine normale Tür und sind auch kaum
noch tragbar. Verbindungsbeschläge
bringen die Lösung.
Wie einfach das Zusammenbauen und
Zerlegen von Möbeln sein kann, machen
uns die Hersteller von Versand- und Mit-
nahmemöbeln vor. Die liefern ihre Pro-
dukte versandfreundlich klein und flach
verpackt, und der Käufer baut sie mit
wenigen Handgriffen selbst zusammen.
Die eigens dafür konstruierten Beschläge
kann man inzwischen auch einzeln kaufen
und mit ihnen eigene Möbel bauen.

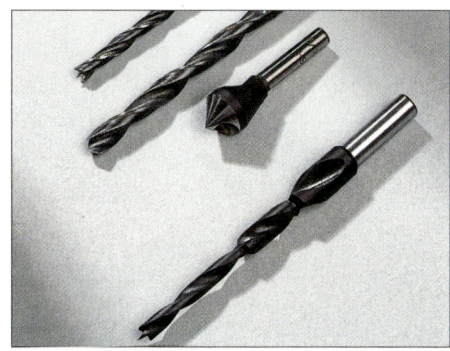

*Bohrer* zum Vorbohren. Holzzentrierbohrer
(oben), darunter ein Spiralbohrer, ein Senker
und ein Stufenbohrer mit drei Durchmessern.

*Stufenschrauben. Das grobe Gewinde hat große Haltekräfte. Der glatte Schraubenschaft hilft, die Teile eng zusammenzuziehen.*

*Rampa-Muffen. Der Schnitt durch das Material zeigt das Vorbohren, das Einsetzen der Muffe und das Eindrehen der Schraube.*

## Geschraubte Verbindungen

Man unterscheidet die Verbinder nach ihrer Wirkungsweise. Die einfachste Form sind Schrauben, die direkt in das Material gedreht werden. Das können normale Spaxschrauben sein, für die vorgebohrt wird und man das Bohrloch für den Kopf ansenkt. Besseren Halt bieten Stufenschrauben, für die mit einem Spezialbohrer vorgebohrt werden muß.

Einteilige Verbinder, dreieckig, rechteckig oder in Form eines Winkels, werden im Material mit Holzschrauben befestigt. Dreht man bei diesen Beschlägen die Schrauben oft rein und raus, verlieren sie mit der Zeit den Halt im Holz.

Sollen die Möbel häufiger zerlegt werden, sind zum Verbinden Schrauben mit Maschinengewinde, die in entsprechende Gegengewinde (Muttern oder andere Beschlagteile) greifen, besser geeignet. Der typische Vertreter diese Art ist der Gestellverbinder (bekannt durch Ikea-Möbel), bei dem eine Gewindeschraube in einen quer zur Schraubenachse eingesetzten Mutterbolzen greift.

*Gestellverbinder. Das aufgeschnittene Modell zeigt die Position von Innensechskantschraube und Quermutterbolzen im Material.*

*Exzenterverbinder. Im eingelassenen Gehäuse befindet sich der Exzenter, der den Bolzen einzieht. Der Dübel dient nur als Führung.*

*In eine Randbohrung* wird der Exzenterbeschlag eingelassen. Zum Bohren muß die Maschine in einem Bohrständer sein.

*Hoch belastbar* ist dieser Exzenterbeschlag durch den zusätzlichen Ankerdübel. Er ist auch als Mittelwandbeschlag einsetzbar.

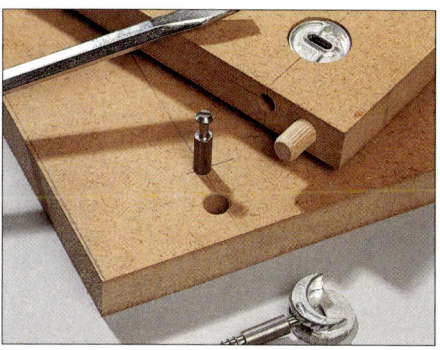

*Einfach, aber sicher.* Dieser Beschlag kommt ohne Gehäuse aus. Der Exzenter dreht sich direkt in der Holzbohrung.

*Verbindungsschrauben.* Mit ihnen lassen sich zwei flach aufeinanderliegende Platten (z. B. Küchenschrankseiten) einfach verbinden.

*Trapezverbinder.* Metallteil und Kunststoffkappe werden jeweils an ein Möbelteil geschraubt. Eine Schraube zieht sie zusammen.

*Eckverbinder.* Jeweils zwei Holzschrauben halten die Bauteile zusammen. Mehrfacher Auf- und Abbau schwächt die Haltekraft.

*Eurowinkel.* Sie werden mit kurzen dicken Spezialschrauben befestigt. Die Lochabstände stimmen mit dem 32.-Beschlagsystem überein.

*Langlöcher* in diesem Schraubbeschlag machen ein nachträgliches Justieren möglich, wenn man die Schrauben etwas lockert.

## Zweiteil- und Exzenterbeschläge

Am einfachsten und auch nach häufigem Auf- und Abbau des Möbels ohne Halteverlust arbeitet man mit Zweiteilbeschlägen, zu denen man auch Exzenterbeschläge rechnen kann. Jedes Teil dieser Beschläge wird auf einem der zu verbindenden Teile fest montiert, und dann werden beide mittels einer Schraube, einer Klammer oder eines Kopfbolzens zusammengezogen. Beschläge dieser Art können auf die Holzoberfläche geschraubt oder bei manchen Modellen auch in das Material flächenbündig eingelassen werden. Ebenfalls aus zwei Teilen bestehen Exzenterbeschläge, die die Bauteile durch Exzenterwirkung zusammenziehen. Sie sind meist so konstruiert, daß das Exzentergehäuse flächenbündig eingelassen wird und man den Bolzen in das Gegenstück eindreht. Beim Drehen des Exzenters zieht dieser den pilzförmigen Kopf in sein Gehäuse und damit die Möbelteile zusammen. Ohne Werkzeug lassen sich Teile montieren und trennen, wenn Einhängebeschläge (Bettbeschläge) verwendet werden.

*Korpusverbinder.* Zwei aufzuschraubende Teile aus Kunststoff werden durch eine konisch zulaufende Klammer zusammengezogen.

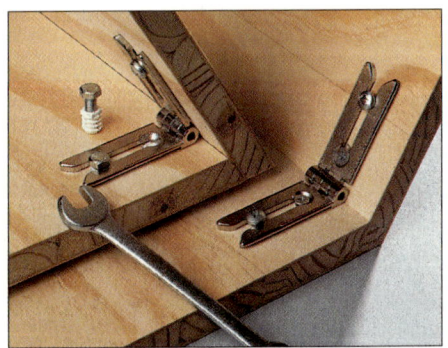

*Gelenkverbinder* lassen Korpuswinkel von 30° und 270° zu. Bei sehr spitzen Winkeln arbeitet man mit Muffen und Schlüsselschrauben.

*Schrankverschluß* ist die Bezeichnung für diesen Beschlag. Er verbindet Teile, die in einer Ebene liegen, mit Dübeln als Führung.

*Plattenverbinder.* Damit können Platten, die in einer Ebene liegen, verbunden werden. Man setzt ihn bei Küchen-Arbeitsplatten ein.

*Gehrungsverbinder.* Zwei Ankerdübel setzt man in Bohrungen und zieht sie mit einer Doppelschraube (R- + L-Gewinde) zusammen.

*Universal-Bettbeschlag.* Er ist zum Einhängen linker und rechter Bettseiten zu verwenden. Er wird über die Schraubenköpfe geschoben.

*Doppelbettbeschlag.* Die Mittelstrebe, auf der die beiden Lattenroste zusammenstoßen, wird damit eingehängt.

*Nutklötze.* Damit befestigt man Vollholzplatten (z.B. Tischplatten) so, daß das Holz arbeiten und sich leicht verschieben kann.

# Topfscharniere

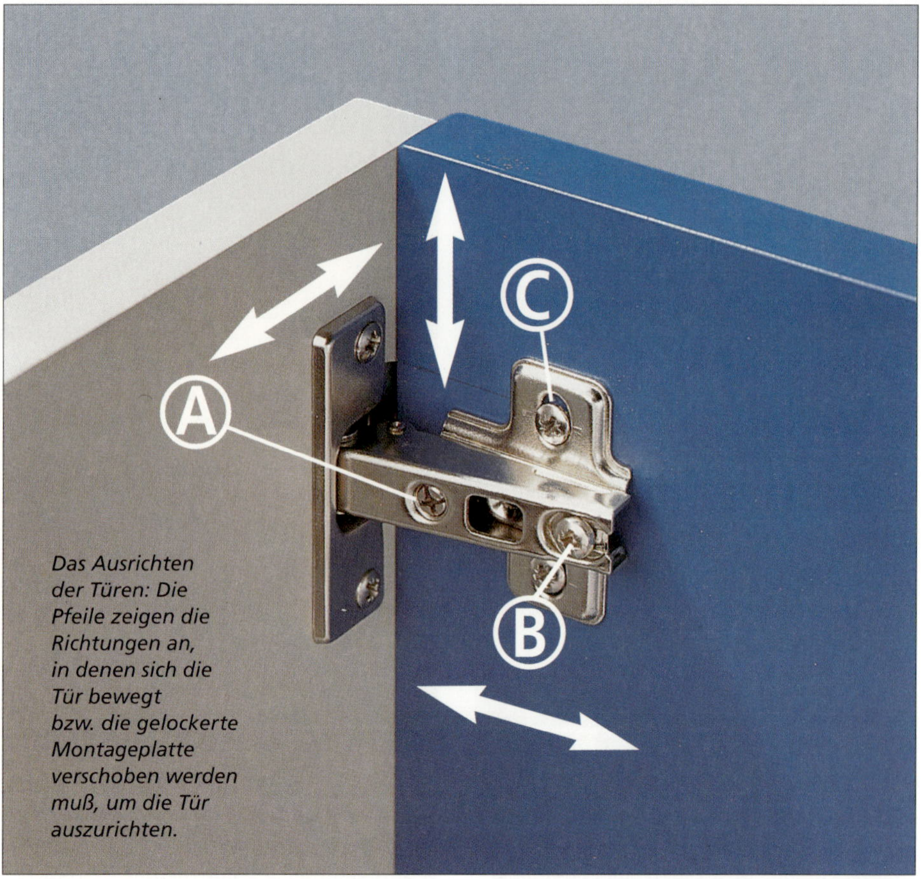


*Das Ausrichten der Türen: Die Pfeile zeigen die Richtungen an, in denen sich die Tür bewegt bzw. die gelockerte Montageplatte verschoben werden muß, um die Tür auszurichten.*

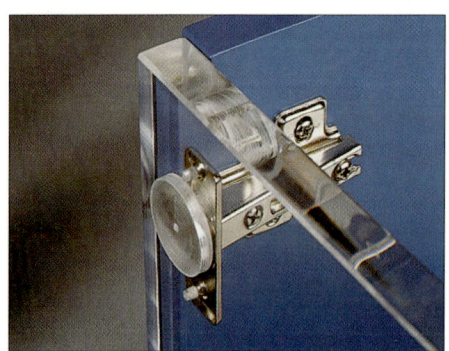

***Aus Plexiglas*** *sind die Türen bei diesen Modellen, um die Funktionen sichtbar zu machen. Hier die einfache Tür mit ungekröpftem Band.*

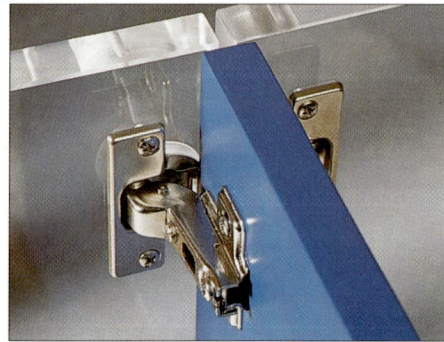

***Für den Mittelanschlag*** *von zwei Türen müssen die Scharnierarme um 10 mm gekröpft sein oder entsprechend unterlegt werden.*

# für jede Tür das passende

*Topfscharniere sind Beschläge, die aus dem modernen Möbelbau nicht mehr wegzudenken sind. Mit ihnen lassen sich alle Anschlagprobleme lösen.*

Möbeltüren werden heute überwiegend mit Topfscharnieren angeschlagen, die sich sowohl für Rahmentüren aus Massivholz wie für flächige Türen aus Plattenwerkstoffen eignen. Diese Bänder bieten Vorteile: Sie sind von außen nicht sichtbar, sind preiswert, schnell zu montieren und immer für rechts und links angeschlagene Türen zu verwenden. Mit Hilfe von Verstellschrauben können sie auch nach dem Einbau noch in drei Richtungen verstellt und damit die Türen justiert werden. Wir zeigen auf diesen Seiten an Funktionsmodellen die gebräuchlichsten Ausführungen, mit denen der Selbermacher arbeitet. Um die Funktion besser sichtbar zu machen, haben wir die Türen der Modelle zum Teil aus Plexiglas gefertigt. Ein Topfscharnier (oder Topfband) besteht aus dem Topf mit dem Scharnierarm und der Montageplatte. Der Arm hat zwei Drehpunkte. Dadurch wird erreicht, daß die Tür sich beim Öffnen gleichzeitig von der Schrankseite abhebt und dort nicht schabt. Für vorschlagende Türen ist der Arm gerade, für Mittelwandanschlag und für innenliegende Türen ist er gekröpft, oder es werden Distanzplatten unter die Montageplatten gesetzt. Es gibt Topfscharniere für Öffnungswinkel von 95, 110, 170 und 270 Grad. Federscharniere mit automatischer Zuhaltung ersparen einen zusätzlichen Schnäpper. Der Topf hat je nach Modell einen Durchmesser von 35 oder 26 mm.

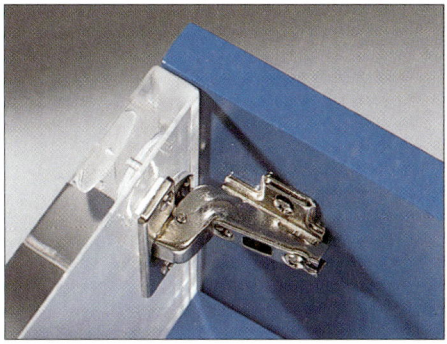

*Innenliegende Türen brauchen Scharniere mit min. 16,5 mm Kröpfung. Soll die Tür zurückspringen, die Montageplatte verschieben.*

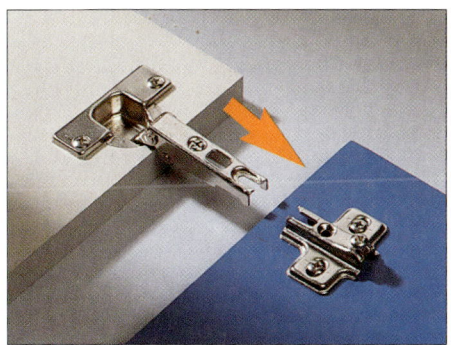

*Der Scharnierarm wird über die Montageplatte geschoben und fixiert die Tür in der richtigen Position. Dann die Schrauben anziehen.*

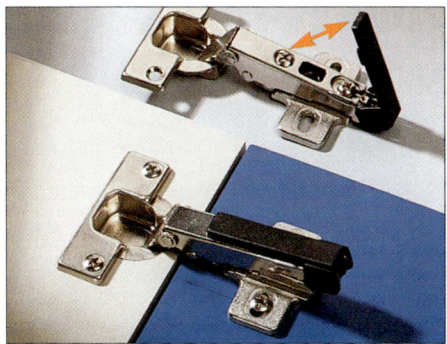

*Der Clipverschluß braucht zum Festsetzen der Tür keine Schrauben. Der Scharnierarm wird nur aufgeschoben und rastet selbsttätig ein.*

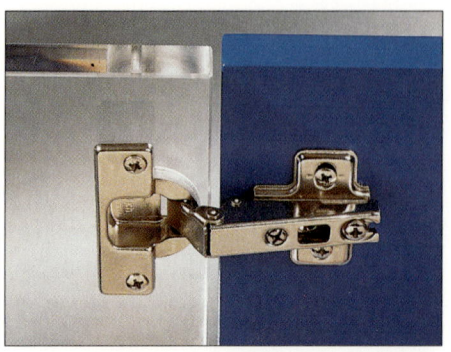

*Topfscharniere* haben zwei Drehpunkte. Beim Öffnen der Tür drehen sie auf und schaffen sofort Abstand zur Möbel-Seitenwand.

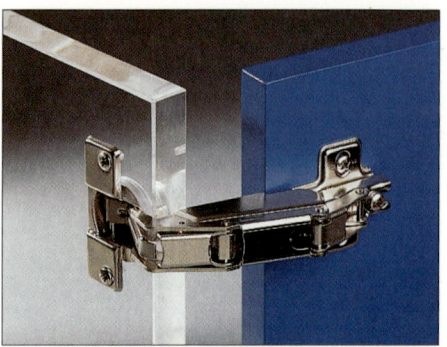

*Standardscharniere* öffnen je nach Typ bis zu einem Winkel von 95° bis 110°. Spezialausführungen lassen Winkel bis 270° zu.

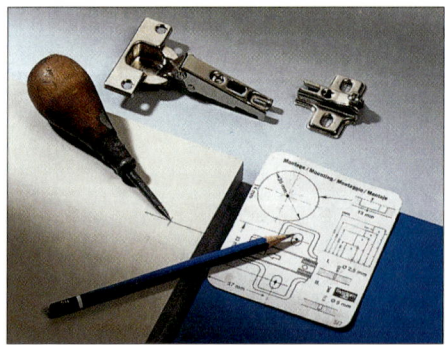

*Den Bohrmittelpunkt* für den Spezialbohrer reißt man mit dem Streichmaß an oder legt den Punkt mit einer Bohrschablone fest.

## Spezialbohrer für die Löcher

Der Topf des Scharniers wird mit Hilfe eines Spezialbohrers in die Innenseite der Tür eingelassen und verschraubt. Die Position der Topfbohrung zeichnet man mit dem Streichmaß oder mittels einer Bohrschablone an. Die dort angegebenen Maße beziehen sich auf eine Türdicke von 19 mm. Beim Anschlag von zwei Türen an einer Mittelwand oder bei abweichender Türdicke ist das beim Festlegen des Bohrmittelpunkts zu berücksichtigen. Der Abstand der Bohrung von der Türkante muß entsprechend verändert werden. Den Scharnieren beigelegte Tabellen geben darüber Auskunft. Gebohrt wird grundsätzlich mit Hilfe eines Bohrständers, denn die Bohrung muß exakt rechtwinklig zur Materialoberfläche in das Holz gehen.
Zum Einhängen der Tür wird der Scharnierarm auf die Montageplatte geschoben und fixiert. Bei neueren Modellen wird er mit einem Clipverschluß eingerastet. Mit Hilfe von Stellschrauben und Langlöchern werden die Türen ausgerichtet.

### Genormte Größen und Abstände erleichtern die Arbeit

*Nicht nur die Bohrlochgrößen für die Scharniertöpfe sind bei fast allen Beschlagherstellern gleich, auch bei den Bohrungen in vorbereiteten Möbelbauplatten hat man sich auf Standardmaße geeinigt. Die Abstände der Bohrungen bei Lochreihen betragen 32 mm und sind zum Befestigen der Scharnier-Montageplatten geeignet. Kurze, dicke Spezialschrauben passen exakt in die 5 mm großen Löcher.*

*Der Bohrständer* mit Tiefenanschlag ist uner-
läßlich beim Bohren der senkrechten Sacklöcher. Bohrdurchmesser 35 bzw. 26 mm.

*Kücheneckschränke* und Möbel mit Korpuswinkel kann man mit Spezialscharnieren versehen. Hier ein Schrank mit 30° Korpuswinkel.

*Spezialscharnier* für Möbel mit Stollen oder
Frontrahmen. Die Montageplatte wird von
vorn auf die Kante des Stollens geschraubt.

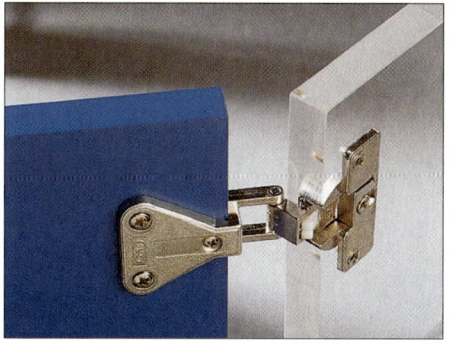

*Der außenliegende Drehpunkt* dieses Scharniers vermeidet, daß die Tür dahinterliegende
Schubkästen beim Herausziehen behindert.

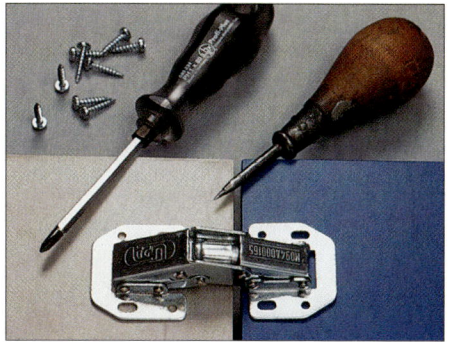

*Ohne Bohrung* kann dieses Aufschraubschar-
nier montiert werden. Durch die Langlöcher
kann man es wie ein Topfscharnier justieren.

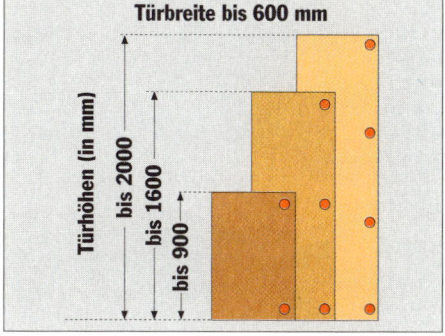

*Die Anzahl* der Scharniere pro Tür richtet sich
nach deren Höhe und nach dem Gewicht. Diese Grafik zeigt die Richtwerte an.

# Schiebetürbeschläge:

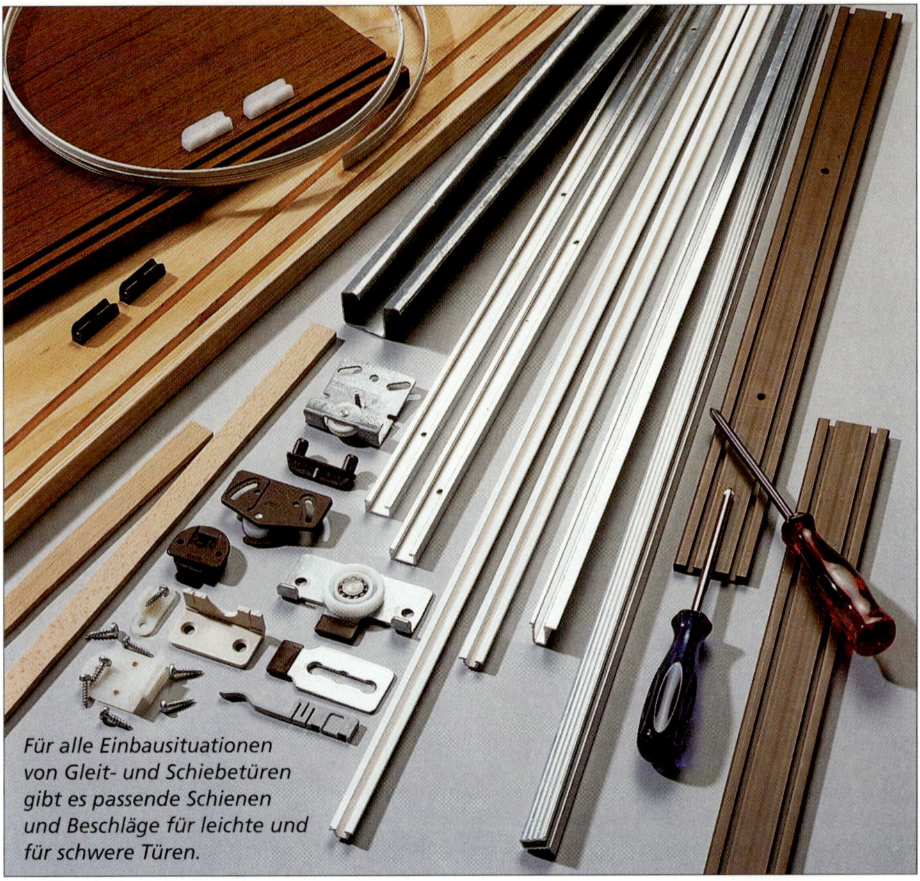

Für alle Einbausituationen von Gleit- und Schiebetüren gibt es passende Schienen und Beschläge für leichte und für schwere Türen.

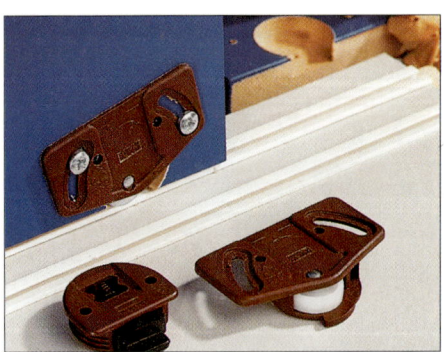

**Einfache Standrollen** *für leichte Türen, die in 35-mm-Bohrungen eingelassen werden können. Die oberen Gleiter greifen in Schienen.*

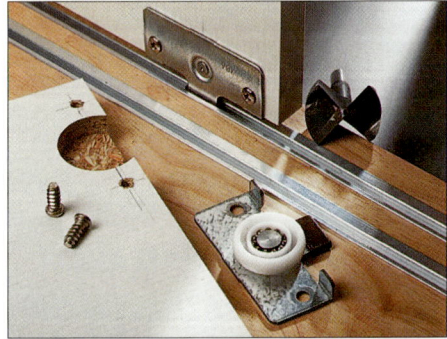

**Mit ihrem Kugellager** *sind diese Standrollen für schwere Türen geeignet. Sie laufen in eingelassenen Schienen aus Aluminium.*

# auf Gleitern und Rollen

*Beengte Räumlichkeiten zwingen zum Platzsparen, auch bei der Planung von selbstgebauten Schränken. Schiebetüren sind ideal für Möbel in kleinen Zimmern.*

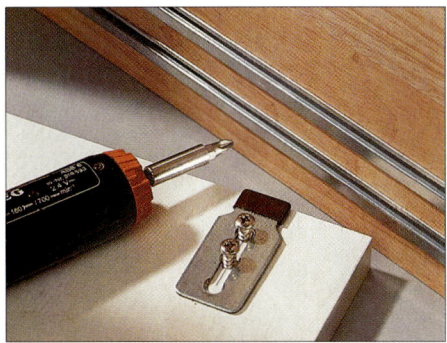

*Führungsgleiter halten die stehenden Schiebetüren oben in Profilen senkrecht. Durch Langlöcher sind die Gleiter verschiebbar.*

Gegenüber normalen Drehtüren beanspruchen Schiebetüren beim Öffnen keinen Platz vor dem Möbel. Ihr Nachteil liegt darin, daß man jeweils nur die Hälfte der Schrankfront öffnen kann. Die andere Hälfte ist immer durch die zur Seite geschobenen Türen verdeckt. Schiebetüren überlappen einander in der Mitte um 2 bis 3 cm. Dafür gibt es zwei Lösungen. Soll die vordere Tür genau bis zur Mitte der Möbelöffnung reichen, muß die hintere Tür um das Maß der Überlappung breiter sein. Das erfordert mehr Aufwand beim Zuschnitt der Teile. Sind beide Türen gleich breit, teilt die vordere Tür die Öffnung nicht symmetrisch. Beide Türen müssen um die Hälfte der Überlappung breiter sein als die halbe Möbelöffnung. Bei breiten Möbeln mit vier oder sechs Türen gilt Entsprechendes.

*Gleitende Führung für stehende Türen. Einfache Kunststoffgleiter und Schienen, für die zum Einlassen ein Sägeschnitt ausreicht.*

Baumaterial für die Türen kann Holzwerkstoff (Plattenmaterial), Glas oder Kunststoff sein. Die Türen können stehend oder hängend laufen. Die Führung kann gleitend (bei leichten Türen) oder rollend (bei schweren Türen) sein.
Stehende Türen laufen mit ihrem Gewicht auf dem unteren Boden. Sie werden in Schienen aus Metall oder Kunststoff geführt, die man in Nuten einpreßt oder -klebt. Die Nuten zieht man mit der Oberfräse oder durch mehrere verdeckte Sägeschnitte nebeneinander auf der Tischkreissäge. Bei Einbauschränken kommt die Schiene direkt auf den Fußboden.

*Glasschiebetüren, die geschliffene Kanten haben, gleiten leicht ohne Beschläge in sauber in Hartholz gefrästen Nuten.*

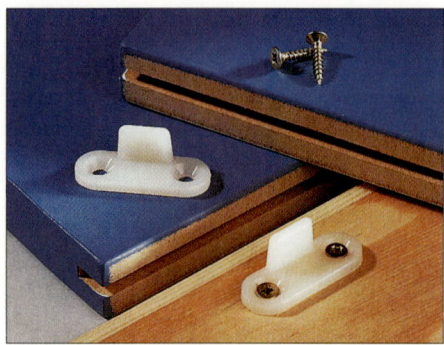

*Hängende Schiebetüren werden unten in Schienen geführt, oder sie werden genutet und laufen über feststehende Gleiter.*

*Die Nuten zum Einlassen breiterer Schienen zieht man auf der Kreissäge durch mehrere nebeneinanderliegende, verdeckte Schnitte.*

*Leisten, die im richtigen Abstand nebeneinander aufgeleimt werden, machen das Fräsen oder Sägen von Nuten überflüssig.*

## Hängende oder stehende Türen

Bei stehenden Türen befinden sich die Laufbeschläge in den Unterkanten der Türen. Sie sollten so weit wie möglich nach außen eingebaut sein, damit schmale Türen nicht kippen und verkanten. Stehende Schiebetüren sollten möglichst breiter als hoch sein, damit sie sicher laufen. Glastüren ohne Rahmen führt man am besten direkt in Nuten, die in Hartholz gefräst sind. Zusätzliche Beschläge würden bei dem transparenten Material nur stören. Oben werden stehende Türen in Nuten oder Schienen geführt.

Hängende Türen haben oben Laufrollen, die in Schienen gehängt werden und das Gewicht tragen. Unten werden sie in Schienen geführt oder haben Stifte, die in Schienen laufen. Auch umgekehrt – ein auf dem Boden befestigter Stift läuft in einer Nut an der Türunterseite – ist es möglich. Die einfachste Führung ist ein U-förmiger Beschlag, der auf den Boden geschraubt wird und die Tür wie in einer Gabel gleiten läßt  Es gibt auch Spezialbeschläge, mit denen die Türen nicht auf einem Boden, sondern vor der Möbelfront geführt werden. Die meisten Schiebetüren laufen aber im Möbelkorpus. Für eingebaute Schränke gibt es Schienensysteme für hängende und für stehende Türen mit Schienen am Boden und an der Decke. Als Griffe verwendet man bei Holztüren Griffmuscheln, die eingelassen werden, oder einfache Grifflöcher. Schwere Türen werden so gestoppt, daß sie bei weitester Öffnung etwas versetzt stehenbleiben und sich nicht vollständig bündig abdecken. So kann man die etwas vorstehende Tür auch ohne Griff anfassen und verschieben. Das ist auch bei Rahmentüren wichtig, damit man sich nicht die Finger einklemmt.

# Rollen genau abgestimmt sein.

*Doppelnutprofile* aus Kunststoff werden – passend zu den einfachen Rollen für leichte Türen – zum Aufschrauben angeboten.

*Stahlblechschienen,* in die die hakenförmigen Rollen greifen, lassen hängende Türen mit großem Gewicht leicht und sicher gleiten.

*Kunststoffprofile,* in die Gleiter von hängenden Türen greifen, gibt es passend zur Farbe des Holzes in Weiß und in Braun.

*Schiebetüren* kann man auch mit Schlössern versehen. Geeignet sind Druckzylinder und einfache oder doppelte Hakenriegelschlösser.

## Lästige Geräusche dämmen

*Werden bei eingebauten Schränken die Schienen, in denen die Rollen laufen, direkt an der Decke oder auf dem Fußboden befestigt, können die Laufgeräusche auf den Baukörper übertragen werden und im angrenzenden Geschoß zu Geräuschbelästigungen führen. Das kann man vermeiden, wenn man unter die Bodenschienen einen Schaumstoffstreifen klebt und unter die Deckenbefestigung Kork oder ein Gummipolster setzt.*

*Glasschiebetüren* können mit einem Zahnstangenschloß (links) oder mit einem besonderen Steckzylinder verschlossen werden.

**Wer Schränke konstruiert und selbst zusammenbaut, muß auch vor dem Bau von individuellen Schranktüren keine Angst haben.**

Mancher mag davor zurückschrecken, ausgerechnet die ständig sichtbaren Schauseiten seines Schranks selbst zu bauen. Aber wer etwas ganz Besonderes haben möchte, kommt um den Selbstbau nicht herum. Dabei stellen Türen noch eine der leichteren Aufgaben dar, denn im Prinzip sind sie nichts anderes als rechteckige Platten, meist aus Holz, die mit zwei oder mehr Scharnieren an der Schrankseitenwand angeschlagen werden. Eine Möbelbauplatte auf Maß herzustellen ist tatsächlich eine leichte Aufgabe. Daß sich selbstgebaute Türen verwerfen, ist bei den heutzutage gebräuchlichen Materialien kaum zu befürchten. Einen stabilen Leistenrahmen erhalten aber alle Türen, die nicht aus Holzwerkstoffen oder dünnem Material gefertigt werden: zur Stabilisierung und zur Aufnahme der Türscharniere – Näheres auf den folgenden Seiten. Beim Selbermachen von Schranktüren sind also vor allem gute Ideen gefragt – oder gute Anregungen. Hier sind sechs Beispiele zum Inspirieren.

**1** *Eleganz erhält eine Multiplexplatte in Buche durch eingelassene Löcher.*

**2** *Schnittig wird eine MDF-Platte durch flächenbündige Aluminiumbänder.*

# Schranktüren:

**3** Brettchen aus Sperrholz machen die lackierte MDF-Platte attraktiv.

**4** Einen Touch von Natur bringt Wellpappe auf die Spanplatte.

**5** Es geht auch ohne Holz: Diese Tür besticht durch Stegplatten aus PVC.

**6** Einen rauhen Look zeigt die dünne und leichte Lochplatte aus Hartfaser.

# ndividuell durch Eigenbau

## 1 Ein paar Löcher mit großer Wirkung

Ein paar Löcher in eine Holzplatte bohren, das ist die wichtigste Arbeit für diese Türvariante. Die Löcher sollten so exakt wie möglich in die Holzoberfläche gesetzt werden, damit die Tür gut aussieht. Man verwendet dafür am besten ein Bohrmobil als Zusatz für die elektrische Bohrmaschine. Auf der 21 mm starken Multiplexplatte (hier mit Buchenoberfläche, es können aber auch andere Holzarten gewählt werden) markiert man zunächst die Positionen der Löcher. Im Beispiel sind sie quadratisch angeordnet.
**Mit dem Senker,** einem Vorsatz für die Bohrmaschine, der auch Krauskopf genannt wird, entstehen kegelförmige Löcher. Die Bohrtiefe beträgt etwa 15 mm. Alle Bohrungen sollten gleich tief geraten. Hierbei hilft die Justiereinrichtung des Bohrmobils. Die Bohrlöcher anschließend mit Schleifpapier säubern und das Ganze mindestens zweimal mit Klarlack versiegeln.

## 2 Schöner Kontrast: Alustreifen in Holz

Um die flachen Aluminiumstreifen genau parallel zur Türkante einzusetzen, führt man die Oberfräse am besten in den Bahnen eines selbstgefertigten Fräsmodells (Foto oben). Die Aussparung dieser Fräslehre richtet sich nach der Grundplatte der Oberfräse.
**MDF-Platte** ist das beste Material für die Fräsnuten, deren Kanten schön gerade werden sollen. Das Fräsmodell wird mit Zwingen auf der Platte fixiert.
**Die Aluminiumstreifen** werden nach dem Fräsen in den Nuten mit Kontaktkleber eingesetzt (Foto unten). Ein edles Finish erhält diese Tür durch einen ganzflächigen Überzug mit Klarlack.

## 3 Der Effekt von Farbe und Holz

Ein Kassetteneffekt, den man einfacher kaum herstellen kann: mit Brettchen aus Sperrholz in 4 mm Stärke, die man passend zusägt, im Beispiel auf 10 × 10 cm.
**Mit Acryllack** in Seidenglanz gibt man der Tür zunächst die Grundfarbe. Der Anstrich auf der 19-mm-MDF-Platte wird nach dem Trocknen angeschliffen und ein zweites Mal ausgeführt. Mit einer Schaumgummirolle wird der Zweitanstrich besonders gleichmäßig.
**Die Brettchen** mit Nitrolack streichen, dann auf die mit Leim bestrichene Fläche drücken. Für die richtigen Abstände sorgen Holzstreifen, die man mit Zwingen fixiert. Damit die Brettchen auf der Lackfläche halten, verwendet man einen Spezialleim für Holz auf lackierten Flächen. Zusätzlich werden die Brettchen mit zu zwei Dritteln eingeschlagenen Drahtstiften fixiert, die man nach Aushärten des Leims entfernt. Die Löcher kittet man abschließend mit Wachs aus.

## 4 Alternative aus Pappe: der Öko-Look

Wellpappe, in diesem Fall sogenannte Micro-Wellpappe, gibt es in Platten von 120 × 140 cm. Bei größeren Flächen stückelt man an. Bei diesem Material ist davon nichts zu sehen. *Eine Spanplatte* in 19 mm Stärke reicht als Träger für die Wellpappe aus. Sie wird vollflächig mit Leim bestrichen. Dann kommt die Wellpappe darauf. Das Ganze wird zum Aushärten mit einer zweiten Platte beschwert (Foto oben), die Kanten mit einem Cuttermesser bündig geschnitten. *Flache Holzleisten* werden als Kantenschoner angeleimt und angestiftet. Leisten und Pappe bekommen dann mehrere Klarlackanstriche.

## 5 Hell und modern durch Transparenz

Stegplatten aus PVC sind ein gebräuchlicher Werkstoff. Sie sind stabil und lassen sich gut verarbeiten. Sie werden in Breiten von 20 cm angeboten, so daß man für Schranktüren zwei, ggf. auch drei Platten mit Nut und Feder zusammendrückt. *Aluminiumschienen* mit U-Profil bilden den Rahmen. Sie werden mit der kleinen Eisensäge auf Gehrung zugeschnitten (Foto oben). *Mit Silikon* klebt man die Aluschienen an und fixiert sie bis zum Aushärten mit kräftigen Klebestreifen (unten). Überschüssiges Silikon wird nicht weggewischt, sondern nach dessen Aushärten mit einem Cuttermesser vorsichtig entfernt.

## 6 Leicht und luftig: Hartfaser hat Stil

Hartfaserplatten gibt es in Baumärkten und im Holzfachhandel. Sie sind nur wenige Millimeter dünn, weshalb sie – gemessen an MDF oder Leimholz – leichte Türen abgeben. Allerdings wölben sie sich, weshalb man sie auch bei kleinen Türmaßen mit Massivholzleisten verstärkt. Das restliche Material: eine Handvoll kleiner Nägel und Leim. *Die Quadratleisten* mit den Maßen 20 × 20 mm werden mit einem dünnen Holzbohrer (1 mm) an den beiden Enden vorgebohrt. Sonst würden sie sich spalten, sobald man einen Nagel hindurchhämmert. Die Leisten werden stumpf zusammengeleimt und mit Nägeln zusätzlich fixiert. Um dem Rahmen mehr Stabilität zu geben, kann man – je nach Größe der Schranktür – Querleisten einfügen, die die Konstruktion verstärken. Dann wird reichlich Leim angegeben, die maßgenau zugeschnittene Hartfaserplatte aufgelegt und mit Drahtstiften festgenagelt.

# Attraktive Oberflächen für Gleittüren

1 Sandgestrahltes Sperrholz, farblos lackiert
2 Wellpappe, mit DD-Lackschicht stabilisiert
3 Rautenblechimitation als Klebefolie

## Türfüllungen selbst gestalten

Die auf den vorangehenden Seiten gezeigten Türen sind selbsttragend, das bedeutet, daß sie Eigenstabilität brauchen, wozu eine Materialstärke von mindestens 2 cm nötig ist. Anders ist das bei den auf dieser Seite gezeigten Gleit- bzw. Schiebetüren, wie sie für die Schrankbauten auf den Seiten 8 und 64 eingesetzt wurden. Diese Türen haben Rahmen aus Metallprofilen, die mit Füllungsplatten versehen werden. Die Platten brauchen nur 6 bis 8 mm dick zu sein und können aus Hartfaser oder Sperrholz bestehen.

Als dekorative Oberfläche für diese Türen bieten sich Anstriche mit Lack, Beize oder Wachs an. Man kann auch Platten mit stukturierter Oberfläche wie das gezeigte sandgestrahlte Sperrholz verwenden. Glatte Flächen lassen sich mit Folien, Tapeten, Stoffen oder anderen dünnen Materialien kaschieren (s. Beispiele). Als Oberfläche sind auch Bodenbeläge wie PVC oder Linoleum möglich. Eine besondere Wirkung kann man mit dem Einsatz von Fototapeten oder Großfotos erzielen.

---

**Immer beide Plattenseiten in gleicher Weise behandeln.**

*Dünne Oberflächenmaterialien werden aufgeklebt. Je nach Material geht das mit Tapetenkleister, Weißleim oder Bodenkleber. Damit die Platten nicht krumm werden, müssen beide Plattenseiten gleich behandelt und beim Trocknen gepreßt werden. Als Gegenkaschierung kann man preiswertes, aber ähnliches Material wie auf der Vorderseite verwenden und mit dem gleichen Kleber aufziehen.*

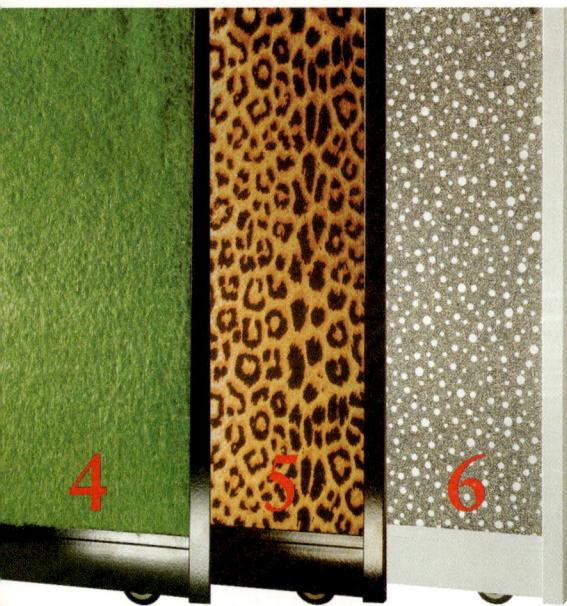

4 Balkonbodenbelag als Kunstrasen
5 Dekostoff mit Fellimitation bedruckt
6 Strukturtapete mit Splittoberfläche

# Der indische Gott.
## Manchmal fühlen wir
### eine gewisse Verwandtschaft.

# sogar unter die Dachschräge

**Unter der Dachschräge des Hauses ist wenig Platz für einen Einbauschrank? Irrtum: Sogar an der Giebelwand kann man perfekte Lösungen schaffen.**

Dachschrägen sind eine der schwierigsten Einrichtungssituationen, die sich in einem Haus bieten. Je nach Dachneigung und der Höhe des Drempels, jenes kurzen Teils der Außenwand zwischen Fußboden und dem abfallenden Dach, lassen sich unter schrägen Decken nur flache Einbauten vornehmen. Schränke sind hier kaum zu realisieren. Die Giebelseite stellt dagegen den besten Aufstellungsort für einen komfortablen Schrank dar. Ein Teil kann in der größten Raumhöhe untergebracht werden. Aber auch der Raum unter dem abfallenden Dach, der vielfach noch beträchtliche Platzreserven bietet, ist als Schrankraum nutzbar. Das größte bauliche Problem sind hier die Türen. Mit Maßanfertigungen kann man es lösen – ganz einfach.

*Auf den ersten Blick scheint es kaum möglich: Schiebetüren ohne Deckenführung. Aber mit einem speziellen Gleittürsystem funktioniert es doch. Die obere Schiene befindet sich an der Vorderkante eines Regalbodens.*

*Linoleum ist ein idealer Werkstoff für die Türgestaltung. Es wird mit speziellem Bodenbelagskleber auf die Sperrholzplatten geklebt.*

*Maßanfertigung:
Die Schiebetüren
können mit den Alu-
profilen jeder
Schrägung angepaßt
werden: einfach
zusammenstecken.*

## Türen montieren mit System

Das Schranktürsystem, das mit dem
Beispielschrank gezeigt wird, besteht im
Prinzip nur aus Türrahmen. Da man diese
passend zusägen und zusammensetzen
kann, sind sie für jede Dachschrägensitua-
tion geeignet. Die Türfüllungen fertigt
man – ebenfalls auf Maß passend – selbst.
Zum System gehören außerdem die Laufschienen für Decke und Boden, die nötigen
Rollen, Verbinder und das Befestigungs-
material. Profile und Schienen bestehen
aus Aluminium und können in Mattsilber,
Glänzendweiß und in Schwarz geliefert
werden. Boden- und Deckenschienen gibt
es in Längen von 3,6 m. Soll die Schrankfront länger werden, können Schienen
zusammengesetzt werden. Die Standard-
höhen der Türen sind für 2,75 m ausgelegt. Da die Türrahmen ohnehin individuell angepaßt werden, ist auch das Kürzen
kein Problem. Das Gewicht der Türen
tragen die unteren Rollen, in die oberen
Schienen greifen Gleiter, die die Tür nur
führen und keiner Zugkraft durch das
Türgewicht ausgesetzt sind. Gerade dieses
Prinzip erweist sich bei Dachräumen als
vorteilhaft, deren Decken nur mit Profil-
brettern – wie in diesem Beispiel –
abgehängt sind, die keiner Belastung
ausgesetzt werden können. Ein weiterer
Vorteil: Das Türensystem überträgt kaum
Laufgeräusche an die hohle Decke. Die
untere Laufschiene wird einfach auf den
Boden geschraubt. Soll Boden oder Boden-
belag geschont werden, kann man die
Laufschiene auch mit doppelseitig haften-
dem Klebeband fixieren. Da sie beim Hin-
und Herschieben der Türen keinen Scher-
kräften ausgesetzt wird, sondern lediglich
eine Spur abgibt, reicht die Klebebefe-
stigung völlig aus.

# Gleittüren für die Schräge.

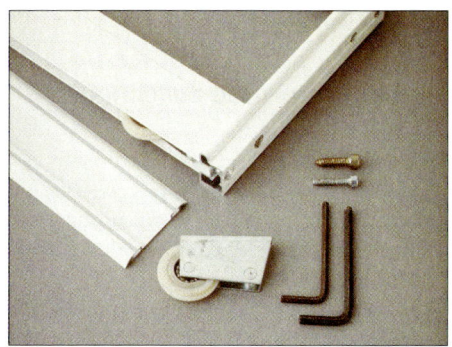

**Am Boden** wird eine Laufschiene fixiert. Die dazugehörigen kugelgelagerten Laufrollen werden im unteren Türprofil festgeschraubt.

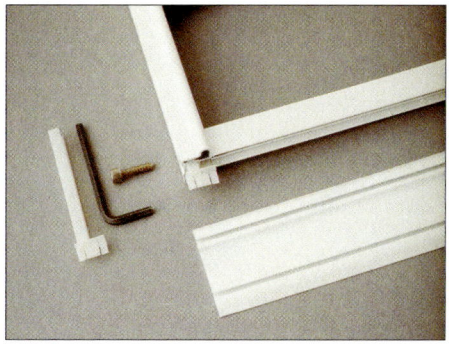

**An der Decke** wird die obere Laufschiene festgeschraubt. Die Rahmenprofile verbinden Inbusschrauben, der Gleiter wird eingeschoben.

**Kleine Federn** aus Kunststoff, in die untere Laufschiene eingesetzt, bremsen die Tür beim Zuschieben ab und halten sie fest geschlossen.

**Die Deckenschiene** wird in einem Schrankkorpus oder, wie im Beispiel, direkt an der Decke fixiert. Dazu muß man Dübel verwenden.

**Die schrägen Türen** laufen in einer Schiene, die man an einem Fachboden festschraubt. Der Gleiter kommt an die Türinnenseite.

**Der Gleiter** greift in die schmale Schiene. Zu beachten: Läuft die Nebentür in der zweiten Spur, ist der Bewegungsraum eingeschränkt.

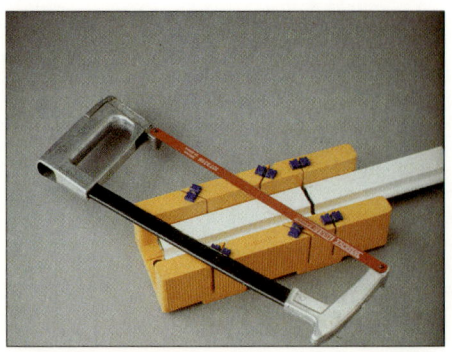

*Für das Ablängen der Aluminiumprofile be-
nötigt man eine Metallsäge. Bei rechtwinkligen Schnitten benutzt man eine Gehrlade.*

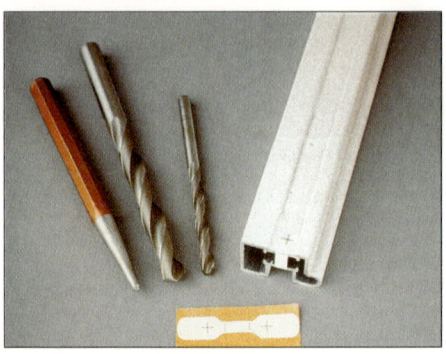

*Die Position der Bohrungen an den Enden der
Profile mit Schablone markieren. Von unten
und oben mit zwei Bohrergrößen arbeiten.*

*Eine Bürstendichtung wird an die Wand oder
an die Türseiten geklebt. Sie hält Staub ab
und dämpft das Anschlaggeräusch der Türen.*

## Aluminiumprofile zuschneiden

Die einfachste Art, ein Schranktürensy-
stem aus Aluprofilen zu installieren, ist,
einen Lieferanten zu beauftragen (die
Herstelleradresse steht auf Seite 69). Er
benötigt eine genaue Skizze, aus der die
Montagemaße hervorgehen und nach
denen er die Montageteile vorbereitet und
an Ort und Stelle zusammensetzt. Wer die
Montage selbst übernehmen will, kann die
Schienen zuschneiden lassen oder Standardlängen bestellen und diese selbst
maßgenau ablängen. Die Standardlängen
von Schienen und Profilen betragen in der
Höhe 2,75 m, in der Breite 1,21 m. Sollen
schmalere Türen entstehen, sägt man die
Profile ab. Sind einige Türen abzuschrägen, empfiehlt es sich, eine möglichst
einheitliche Türfront entstehen zu lassen.
Deshalb bringt man die Türen auf gleiche
Breite. Die langen Seitenprofile brauchen
an den Enden Bohrungen, die für das
Zusammenfügen der Ecken nötig sind. Für
die genaue Position dieser Löcher werden
Bohrschablonen aufgeklebt, die mitgeliefert werden. Sollen Türen abgeschrägt
werden, muß man die Seitenprofile teilen,
der Dachneigung entsprechend auf Gehrung zuschneiden und dann mit einem
gelenkartigen Eckbeschlag zusammenfügen. Eine besondere Montagesituation
ergibt sich durch den schrägen Türrahmen
dann, wenn er nicht deckenhoch ausfallen
kann. Diese Situation wird im Beispiel
anschaulich, wo beide Schrägtüren kleiner
als die beiden rechtwinkligen Türen sind.
Die Türen bekommen als obere Führung
eine Schiene, die an die Kante eines festen
Fachbodens geschraubt wird. In diese
Schiene greift ein Gleiter, den man an die
Innenseite der Tür schraubt. Angeschrägte
Türen bekommen oben nur einen Gleiter.

*Ein Eckgelenk verbindet die Profile, die für die Schrägen auf Gehrung zugesägt wurden. Es wird in den Hohlraum des Profils gesteckt.*

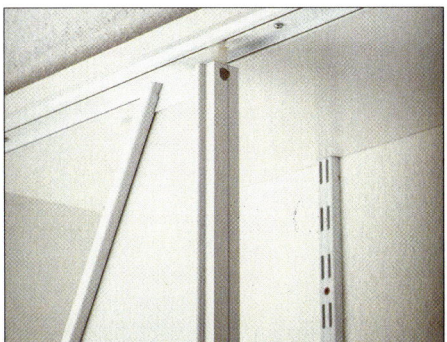

*Ein Gleiter am oberen Ende der schrägen Tür faßt in die Deckenschiene. Die Montage einer Schiene am Regalboden ist dann nicht nötig.*

## Türen für jede Schrägung

Wer es mit besonders hohen Decken zu tun hat, kann die Laufschienen des Türprofilsystems auch von der Decke abhängen, also ein spezielles Trägersystem verwenden (Roland-System, Herstellernachweis unten). Das Rohr, das Deckenflansch und Schienenfuß miteinander verbindet, kann auf Längen zwischen 12 und 45 cm angepaßt werden. So werden auch unterschiedliche Deckenhöhen nivelliert. Wer in einem Dachzimmer den Raum vor dem Drempel verwenden möchte, denkbar bei sehr steilen Dächern, kann ebenfalls auf einen Spezialbeschlag zurückgreifen. Das Ausgleichsstück verfügt über ein eingebautes Scharnier, das sich jeder Dachneigung anpaßt (Roland). Die obere Laufschiene der Türen wird einfach angeschraubt. Sowohl die Beschläge für den Dachhöhenausgleich (oben) wie auch für den Dachschrägenausgleich verfügen über eine Befestigungsmöglichkeit für Abdeckblenden.
Gleittürsysteme: Raumplus GmbH, 28259 Bremen, Tel. 04 21/57 65 10; Spezialbeschläge: Roland-System, Postfach 16 53, 53705 Siegburg, Tel. 0 22 41/54 30.

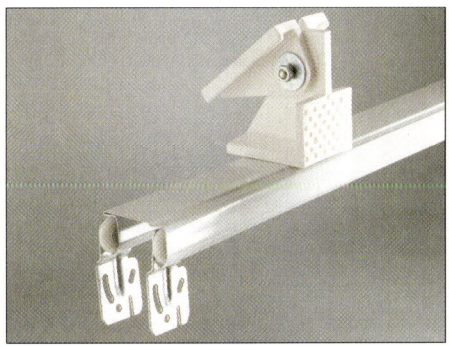

*Das Scharnierelement zur Anbringung der Laufschienen an schrägen Decken. Die Schiene wird unter die Montageplatte geschraubt.*

*Alle 60 cm wird ein Ausgleichsbeschlag an die Decke geschraubt. Höhenunterschiede müssen allerdings vorher ausgeglichen werden.*

**69**

# Schräge wird optimal genutzt

**Wer den Raum unter Dachschrägen gut nutzen will, kommt um genau eingepaßte Möbel nicht herum. Wir zeigen die Nutzung bis in die letzte Ecke.**

Steigende Preise für Wohnraum, aber auch eine Vorliebe für das Wohnen unter schrägen Wänden veranlassen immer mehr Hausbesitzer, die bisher ungenutzten Dachräume als Wohnräume herzurichten. Die dabei entstehende Grundfläche ist aber nicht mit einer voll nutzbaren Wohnfläche gleichzusetzen. Die Dachschrägen schränken die Bodenfläche, auf der man Stehhöhe hat, erheblich ein. Bei der hier gezeigten Lösung, einen raumbreiten Schrank unter die Schräge zu stellen, wird der Platz ohne Stehhöhe bis in die letzte Ecke optimal genutzt.

Der Schrank besteht eigentlich nur aus einem Frontrahmen mit Türen, an dessen Rückseite Regalschienen angebracht sind, deren Regalböden unterschiedlich tief nach hinten in den Schrank zeigen.

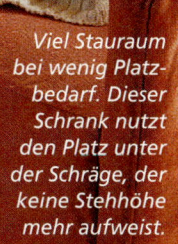

*Viel Stauraum bei wenig Platzbedarf. Dieser Schrank nutzt den Platz unter der Schräge, der keine Stehhöhe mehr aufweist.*

*Die Regalschienen werden hier nicht wie üblich an die Wand geschraubt, sondern an die Rückseiten der Stützen. Sie zeigen in den Schrankraum.*

## Seitenblenden als Ausgleich

Der Frontrahmen aus stabilen Kanthölzern wurde hier zwischen Giebelwand auf der einen Seite und der Zimmerwand auf der anderen genau eingepaßt. Unten steht der Rahmen auf dem Boden, oben ist er der Dachschräge angeglichen. Ein dreieckiger Kasten mit Dachschrägenwinkel sitzt über dem oberen Querbalken des Rahmens und nimmt die vier Halogen-Einbaustrahler auf, die die Türenfront bescheinen.

Die Aufteilung der Schrankfront wird durch die Breiten der Türen bestimmt. Wir haben fertige Möbeltüren verwendet, die es in den Breiten 40, 50 und 60 cm als Lamellen- oder Profiltüren gibt. In der Höhe lassen sich diese – in 200 und 250 cm Länge lieferbaren – Türen auf das benötigte Maß kürzen. Läßt sich die zur Verfügung stehende Raumbreite nicht genau durch die Breite der Türen teilen, kann man – wie hier gezeigt – den Rest durch feste Seitenblenden ausgleichen. Baumaterial für den Rahmen sind quadratische, 5,5 cm starke Leimholzstützen, die mit langen Schrauben stumpf zusammengesetzt werden. Die Querstücke oben und unten laufen durch, die Stützen sind – in den von den Türen vorgegebenen Abständen – dazwischengesetzt. Die einzelnen Rahmenteile setzt man auf dem Boden liegend zusammen und stellt den fertigen Rahmen senkrecht, um ihn an den angrenzenden Seitenwänden zu befestigen. Das geschieht mit Rahmendübeln und entsprechend langen Schrauben. Oben kann das abgeschrägte Rahmenquerstück gegen die Schräge stoßen oder – wie hier gezeigt – ein Leuchtenkasten aus beschichteter Spanplatte den Übergang zwischen Rahmen und Dachschräge bilden.

*Die Rahmenteile* werden stumpf zusammengeschraubt. Die Löcher in den Querstücken im Schraubendurchmesser durchbohren und im Stirnholz im Kerndurchmesser vorbohren.

**Für die Schraubenköpfe** werden die Bohrlöcher angesenkt. Ein kräftiger Akkuschrauber erleichtert das Eindrehen der 100 mm langen langen Spaxschrauben erheblich.

**Die Regalschienen** kommen auf die Innenseiten der Stützen. Die Schlitzlöcher aller Schienen müssen über die ganze Schrankbreite in einer Flucht liegen.

**Der Rahmen** wird senkrecht gestellt, ausgerichtet und an den Wänden mit Rahmendübeln und Schrauben befestigt. Die Querstücke am Boden und an der Schräge festschrauben.

**Die Türen** können auf die benötigte Höhe abgelängt werden. Die Führungsschiene, auf der die Handkreissäge läuft, sorgt für einen geraden und rechtwinkligen Schnitt.

*Querstücke,* die als Abschluß an den Enden der Türen angebracht werden, geben zusätzliche Stabilität. Sie werden von innen und außen auf die Füllungen der Türen geleimt.

## Variable Inneneinrichtung

Auf die Rückseiten der Stützen kommen Regalschienen, die mit Schlitzlöchern versehen sind. In diese Schlitze werden Träger gehängt, auf die die Regalböden gelegt werden. Die unterschiedlich langen Träger zeigen dabei nach hinten und werden in ihrer Länge dem zur Verfügung stehenden Platz bis zur Schräge angepaßt. Da die Träger sich leicht verstellen lassen, kann die Schrankaufteilung auch später geänderten Erfordernissen angepaßt werden. Spezielle Träger nehmen auch das Ovalrohr für die Kleiderbügel auf. Die Träger gibt es in Längen von 15 bis 60 cm. Im unteren Bereich der Schräge bleibt dann immer noch nutzbarer Stauraum für Koffer, Taschen und Kartons.

*Für die Topfscharniere* müssen in die Türen 35 mm große Löcher gebohrt werden. Damit die Sacklöcher genau rechtwinklig in das Holz gehen, wird ein Bohrständer eingesetzt.

### Dachschrägen-Spezialbeschlag

*Ein auf den Winkel der Dachschräge einstellbarer Beschlag macht das Anbringen von Einbauschränken leicht. An dem Beschlag werden das obere Rahmenquerstück oder bei Schiebetürschränken direkt die Laufschiene befestigt. An die senkrechte Frontplatte des Beschlags wird eine Abdeckblende geschraubt.*

Die Regalträger werden in die Schienen ohne Werkzeug eingerastet. Als Böden kann man Leimholzstreifen oder Zuschnitte aus beschichteter Spanplatte auf die Träger legen.

Mit Topfscharnieren werden die Türen angeschlagen. Bei ca. 2 m hohen Türen sollten es pro Tür drei Stück sein. Zum Ausrichten haben die Scharniere zwei Stellschrauben.

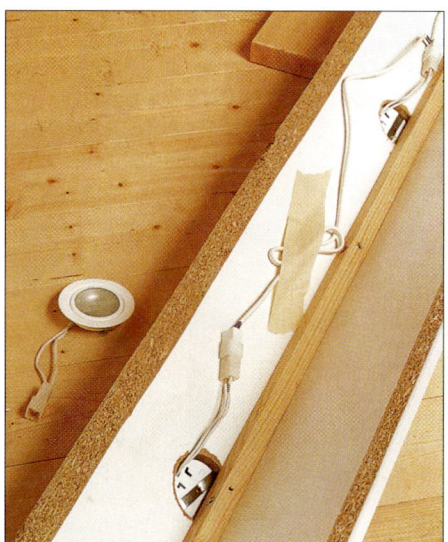

Halogenstrahler werden in die Unterseite des dreieckigen Kastens eingelassen. In dem Kasten selber ist ausreichend Platz, um den Leuchtentransformator unterzubringen.

Seitenblenden gleichen in der Breite die Differenzen aus, die durch das Rastersystem der Türen entstehen. Die Leimholzblenden werden von innen durch die Stützen verschraubt.

# ausgebauten Dachboden

*Wird der Dachraum über einem Zimmer als Empore genutzt, sollte die Treppe wenig Platz einnehmen. Hier eine ungewöhnliche Lösung: ein Treppenregal.*

*Einen sicheren und komfortablen Zugang zum ausgebauten Dachboden und ein Regal mit viel Stauraum bietet dieses Kombimöbel aus Kiefernleimholz. Und dabei beansprucht es kaum mehr Platz als ein normaler Schrank.*

Viel Dachausbauvorhaben scheitern an der fehlenden Treppe. Ausziehbare oder klappbare Leitern und Treppen sind unbequem und unsicher, dazu befinden sie sich meist an einer Stelle, an der sie im Wege sind. Die Folge: Die Treppe muß für jede Benutzung ausgeklappt oder ausgezogen werden. Für eine feste Treppe fehlt meist der Platz, oder die Kosten dafür und der Aufwand für den Einbau stehen in keinem Verhältnis zu der durch den Dachausbau gewonnenen Wohnfläche. Besonders dann, wenn es sich um eine kleine Fläche handelt, die von dem darunterliegenden Raum nur als Empore zum Schlafen oder als Spielfläche genutzt wird.
Bei der hier gezeigten Lösung handelt es sich um eine solche Erweiterung eines Jugendzimmers. Die Verkleidung der Decke wurde herausgenommen, und der Dachraum über dem angrenzenden Zimmer soll als Empore bzw. als Galerie genutzt werden. Eine ideale Lösung für einen bequemen Zugang ist das hier gezeigte Kombimöbel. Es ist ein Regal und eine feste Treppe zugleich. Durch die eingebauten Wechselstufen in doppelter Stufenhöhe, die rechts und links versetzt angeordnet sind, wird viel Platz gespart. Dazu wird in dem Regal viel Stauraum geboten, und ein komfortables Begehen ist jederzeit ohne Klappen oder Ausziehen möglich. An die durch die Wechselstufen vorgegebene Schrittfolge hat man sich nach kurzer Zeit gewöhnt.

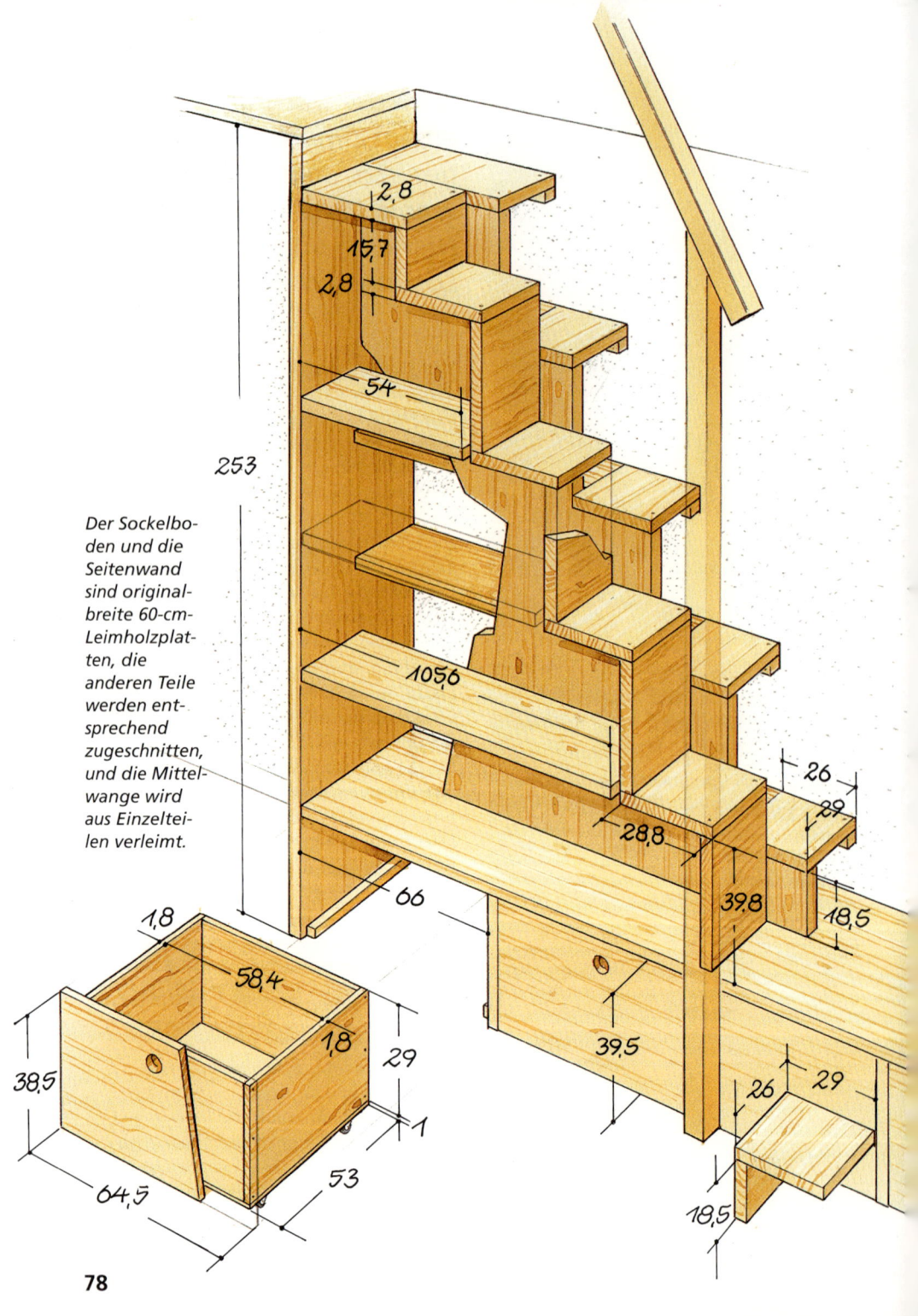

*Der Sockelboden und die Seitenwand sind originalbreite 60-cm-Leimholzplatten, die anderen Teile werden entsprechend zugeschnitten, und die Mittelwange wird aus Einzelteilen verleimt.*

## Kiefernleimholz als Baumaterial

Baumaterial für unser Treppenregal ist 28 mm dickes Kiefernleimholz. Die Schubkastenteile im Sockelbereich sind aus 18 mm dickem Material. Leimholz besteht aus schmalen miteinander verleimten Leisten, die eine dekorative Fläche bilden. Die einzelnen Leisten sind so verleimt, daß sich durch Luftfeuchtigkeit und Temperaturschwankungen auftretende Bewegungen im Holz gegenseitig aufheben. Das Material wirft sich nicht und bleibt weitgehend formstabil. Bearbeiten kann man es wie unverleimtes Massivholz.

Die in der Zeichnung angegebenen Maße dienen als Richtwert und beziehen sich auf eine Geschoßhöhe von 2,53 m. Sie müssen – den örtlichen Gegebenheiten entsprechend – angepaßt werden.

Unsere Treppe ist ca. 60 cm breit, und jede Doppelstufe ist knapp 40 cm hoch. Die Trittfläche der Stufen beträgt in der Tiefe 26 cm bei 29 cm Breite. Nach diesen Maßen sollten Sie sich bei Ihrer Treppenkonstruktion grob richten (s. Kasten).

Der langgezogene Sockel der Treppe bietet

*Der Sockel besteht aus einem durchgehenden Boden und senkrecht stehenden Stützbeinen. Die Teile werden stumpf verschraubt.*

*Ist der Boden nicht ganz eben und nicht exakt in Waage, kann das durch entsprechend angepaßte Beinteile ausgeglichen werden.*

### Wichtige Maße für den Bau von Treppen

*Bei Garten- und Kurztreppen ist eine Stufenhöhe von 14 bis 16 cm vorgeschrieben, bei Treppen in Einfamilienhäusern 17 bis 18 cm. Diese Treppen sollten sogar 90 cm breit sein. Treppen zu selten genutzten Räumen (das trifft für unser Beispiel zu) dürfen 20 cm Steighöhe haben, zum Dachraum und Keller sind sogar 22 cm noch erlaubt. Die Stufentiefe darf dabei nicht geringer sein als 26 cm.*

*Genau senkrecht und in rechtem Winkel zum durchgehenden Boden werden die Beinteile mit Eckleisten am Fußboden verschraubt.*

**79**

*Die Positionen* der Stufen werden auf der Mittelwange angezeichnet, per Stichsäge ausgeschnitten und die Kanten versäubert.

*Leimholz* gibt es nur in Breiten bis zu 60 cm. Die Mittelwange ist breiter. Sie wird aus mehreren Teilen zusammengeleimt.

die Möglichkeit, den Treppenweg abzuwinkeln und damit die Treppentiefe zu verkürzen. Bei beengten Raummaßen ist das manchmal nötig, denn der Antritt der Treppe muß für normal große Personen aufrecht stehend möglich sein. Das gleiche gilt für oben, wo über der obersten Stufe noch ausreichend Stehhöhe vorhanden sein muß.

Um diese Kriterien in den Griff zu bekommen, sollten Sie sich von Ihrem Treppenregal und den angrenzenden Wänden und Dachschrägen eine maßstabgerechte Zeichnung machen.

Alle Teile des Treppenregals werden mit Leim und Schrauben zusammengehalten. Dazu wird das aufliegende Holz im Schraubendurchmesser durchbohrt, und die Löcher werden angesenkt. Damit verschwinden die Schraubenköpfe flächenbündig im Holz. Die Flächen und Kanten des Holzes werden sauber geschliffen, die Ecken leicht angefast, und zum Schluß wird alles mit zwei Anstrichen Treppen- und Parkettlack geschützt.

*Die Konturen* der Mittelwange werden auf die Wand übertragen. Sie bezeichnen die Positionen der Tragleisten für die Stufen.

*Mit Dübeln und Schrauben* werden die Tragleisten an der Wand befestigt. Die Leisten vorbohren und die Schraubenköpfe versenken.

*Deckungsgleich* mit den Leisten an der Wand werden die Tragleisten in Verlängerung der Stufen innen an die Mittelwand geschraubt.

*Für die vordere Stufenreihe* verschraubt man Setz- und Trittstufen. Die Schraubenlöcher im Kerndurchmesser der Schrauben vorbohren.

*Die Mittelwange* wird mit der Seitenwand verschraubt. Beide Teile auf eine ebene Fläche stellen, wieder vorbohren und ansenken.

*Die verschraubte Stufenreihe* von der Rückseite mit der Mittelwange verschrauben. Die angezeichneten Stufenpositionen einhalten.

*Die Böden* werden von außen durch die Seite, von hinten durch die Wange verschraubt. 2 cm Abstand bleiben aus optischen Gründen.

*Die Schubkastenteile* stumpf verschrauben und die seitlich und unten überstehende Blende davorsetzen, die Rollen montieren.

# Doppelt nutzbar: ein Schrank

*Wo der Schrankraum von außen genutzt wird, kann auf seiner Rückseite ein Regal und ein Schreib-platz eingerichtet werden.*

# unterteilt den Dachboden

**_Ein von zwei Seiten nutz-
barer Schrank, der gleichzeitig Trennwand beim
Dachbodenausbau ist: Das
spart Arbeit und Material._**

Durch den Ausbau des Dachbodens bei
Einfamilienhäusern läßt sich mit relativ
wenig Aufwand und zu erschwinglichen
Kosten zusätzlicher Wohnraum gewinnen.
Macht man den Ausbau selbst, lassen sich
weitere Kosten sparen. Will man dabei
einen größeren Dachraum in zwei Zimmer
unterteilen, bietet sich die hier gezeigte
Lösung mit Doppelnutzen an: ein Schrank
als Trennwand. Der Schrank ist von
beiden Seiten nutzbar und schließt auch
die Eingangstür des Zimmers und einen
kleinen Arbeitsplatz ein.

*Mit der Wasserwaage* und einer geraden Lat-
te wird die Position des Schranks am Boden
und an den Schrägen bzw. der Decke festge-
legt und mit Klebestreifen deutlich markiert.

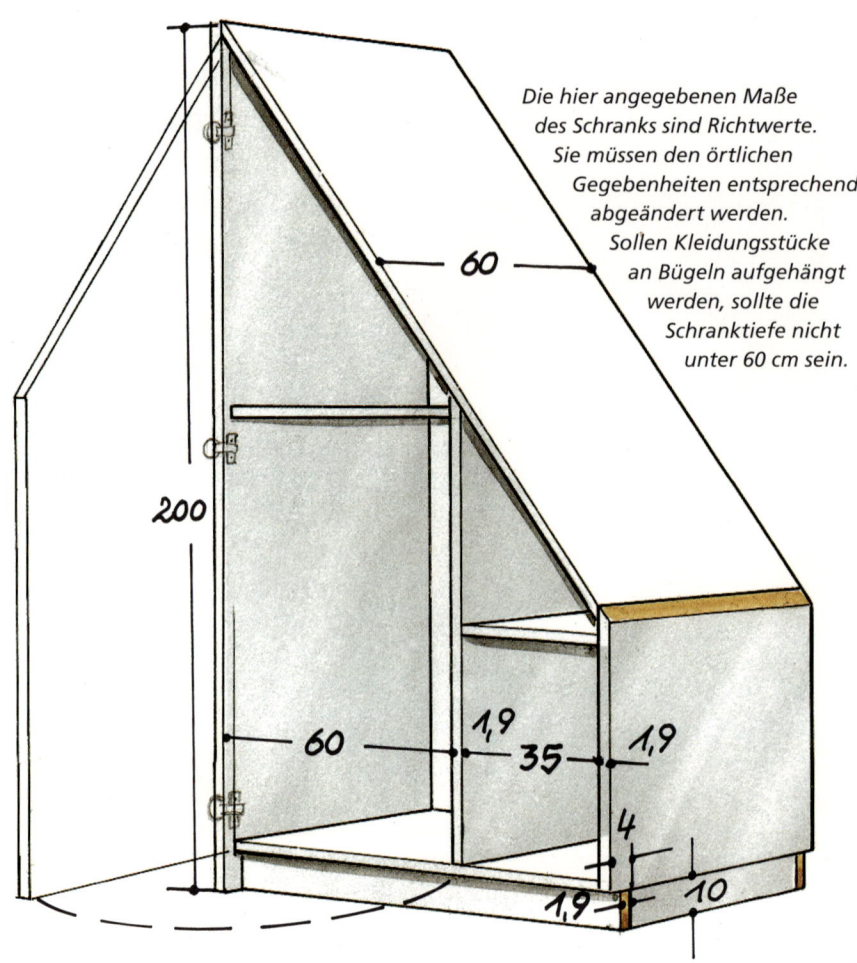

Die hier angegebenen Maße
des Schranks sind Richtwerte.
Sie müssen den örtlichen
Gegebenheiten entsprechend
abgeändert werden.
Sollen Kleidungsstücke
an Bügeln aufgehängt
werden, sollte die
Schranktiefe nicht
unter 60 cm sein.

## Die Türbreiten bestimmen die Breite der Schrankabteilungen.

Baumaterial für den Schrankkorpus sind Möbelbauplatten. Es handelt sich dabei um beschichtete Spanplatte, deren Längskanten bereits mit Umleimern versehen sind. Die Platten sind 60 cm breit und in Längen bis 260 cm lieferbar. Die Oberfläche der Platten ist weiß, grau oder besteht aus einer Holznachbildung in verschiedenen Farben und Holztönen. Die gleichen Oberflächen gibt es auch bei Plattenmaterial, aus dem man sich Zuschnitte für Sockel, Einlegeböden oder Blenden zusägen kann. Verbunden werden die Schrankteile durch das Verschrauben mit Spaxschrauben 4 × 50. Das aufliegende Holz wird vorher durchbohrt und zur flächenbündigen Aufnahme des Schraubenkopfes angesenkt.

Bei den eingebauten Türen handelt es sich um Profiltüren, die es in drei Breiten gibt. Sie sind für Schrankfachbreiten von 40, 50 und 60 cm vorgesehen. Man kauft diese Türen in einer Länge von 240 cm und kürzt sie auf das benötigte Maß ein.

*Mit einem Sockel* beginnt der Aufbau des Schranks. 10 cm breite Streifen werden miteinander verschraubt und dann mit Winkeln und Schrauben auf dem Boden befestigt.

*Sockelteile* und Blenden können aus Regalbaustreifen oder aus Plattenmaterial mit gleicher Oberfläche gesägt werden. Durch eine Führungsleiste wird der Sägeschnitt gerade.

*Konstruktionsböden,* 60 cm breite und gleich lange Abschnitte von Möbelbauplatten, werden auf die Sockel geschraubt. Durch die Platte vorbohren und für den Kopf ansenken.

*Den Winkel* der Dachneigung kann man mit Hilfe einer selbstgefertigten Schablone übertragen und mit einer Winkelschmiege (verstellbarer Winkel) am Bauteil überprüfen.

*Die Seitenwände, die direkt gegen die Schräge stoßen, bekommen abgeschrägte Kanten. Dazu die Grundplatte der Handkreissäge in entsprechendem Winkel einstellen.*

## Der Winkel muß stimmen

Zum Anpassen der einzelnen Bauteile an die Neigung des Dachs sollte man sich mit Hilfe von Lot oder Wasserwaage eine Winkelschablone aus Pappe anfertigen, die beim Zuschneiden der Teile als Anschlagwinkel dient. Dabei ist auch zu kontrollieren, ob beide Dachseiten die gleiche Neigung aufweisen.

Zum Abschrägen der Plattenkanten können Stich- und Handkreissäge auf den entsprechenden Winkel eingestellt werden. Um die Türen oder die Rückwände abzuschrägen, reißt man die Schnittlinie mit Hilfe der Schablone an und benutzt eine festgespannte Leiste als Führung für die Säge. Später sichtbare Plattenkanten bekommen als Schutz einen Umleimer.

*Die Türen der Schräge anpassen. Dazu die Tür grob zuschneiden, vor den Sockel stellen und die Schräge anzeichnen. Die Schnittlinie dann um die Sockelhöhe verschoben markieren.*

*Um den Abstand vom Sägeblatt zur Grundplattenkante versetzt wird die Führungsleiste parallel zur angezeichneten Schnittlinie auf die Tür gespannt und daran entlang gesägt.*

*Die Enden* der Türen werden durch mitgelieferte Leisten verstärkt. Ob rechtwinklig oder schräg zugeschnitten, die Leisten sauber einpassen und von beiden Seiten aufleimen.

*Die Türzarge* für die Zimmertür und das Türblatt selber mußten in unserem Fall der Durchgangshöhe angepaßt werden. Zargenseiten und Tür werden unten gekürzt.

*Eine Leibung* für die Zarge ist durch die große Wandstärke (60 cm Schranktiefe) nicht vorhanden. Zum Verankern der Zarge wird ein Rahmen aus Dachlatten angeschraubt.

*Gegen die eingepaßten* Rückwände wurde von der anderen Seite dieser kleine Schreibplatz gebaut. Verwendet wurden schmale Regalbaustreifen und schmalere Türen.

Immer an der Wand entlang: So ist dieses Möbelsystem angeordnet. Helle Fronten und dunkle Seiten setzen reizvolle Kontraste.

# gibt es reichlich Stauraum.

**Wer sich zutraut, Möbel selber zu bauen, kann mit diesem Anbausystem sogar den sonst unzugänglichen Platz ausnutzen. Ein kleiner Trick macht's möglich.**

Auch wenn die Räume unterm Dach sehr beliebt sind, weil ihre schrägen Wände einen besonderen Charme ausstrahlen: Sobald es ans Möblieren geht, wird es ein wenig problematisch.

Wer den Stauraum auch bei einem Dach mit niedrigem Kniestock möglichst effektiv nutzen möchte, kann unser Anbaumöbelsystem nutzen. Es besteht aus einfachen Schrankkorpussen, von denen jeweils zwei auf einer Grundplatte so befestigt sind, daß der Zwischenraum eine ganze Schubkastenbreite ausmacht. Diese Schubfächer werden in Überlängen gefertigt, so daß sie bis an die Verkleidung des Kniestocks heranreichen. So gewinnt man jede Menge gut zugänglichen Stauraum.

*Der Trick: Die Fronten sind leicht zugänglich. Doch hinter dem Korpus nutzen überlange Schübe den Raum.*

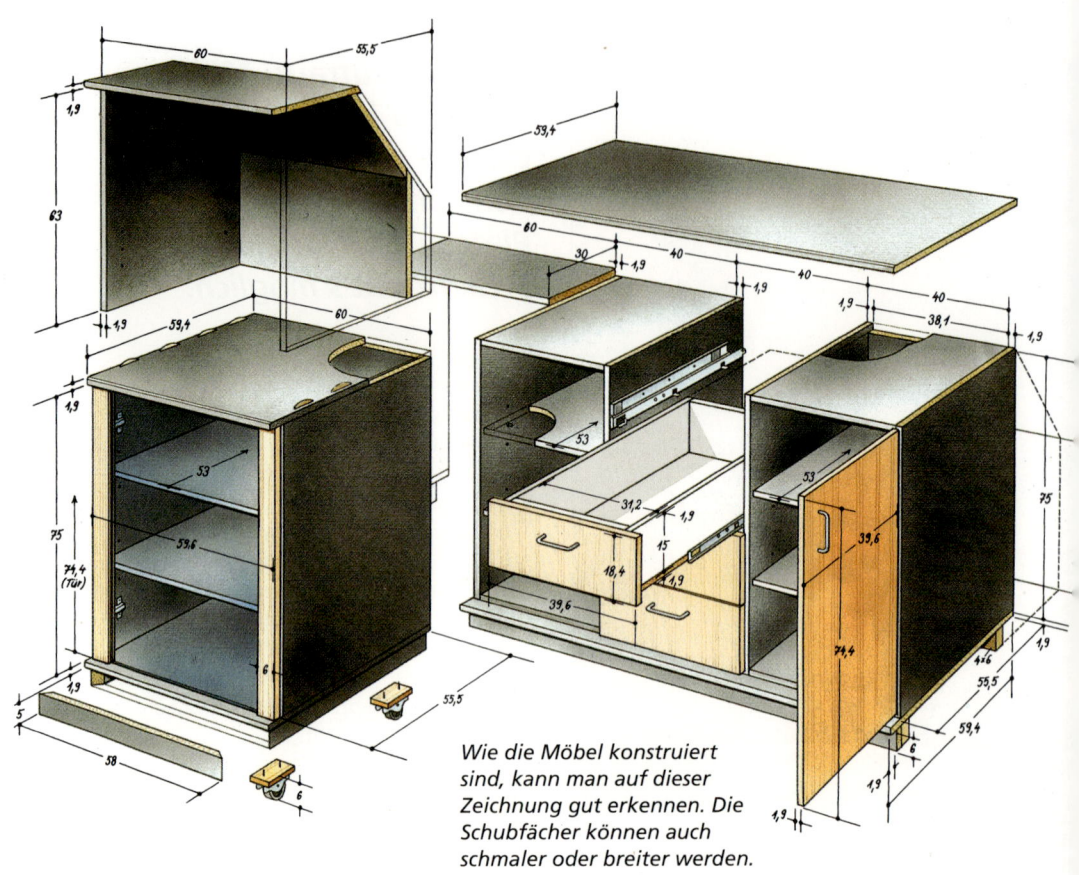

*Wie die Möbel konstruiert sind, kann man auf dieser Zeichnung gut erkennen. Die Schubfächer können auch schmaler oder breiter werden.*

## Aus einzelnen Elementen entsteht ein Möbelprogramm nach Maß

Eine simple Bauweise mit überzeugendem Nutzwert: So ließe sich dieses Selbstbau-Möbelsystem auf eine Kurzformel bringen. Zwei Seiten, Boden, Deckplatte und Rückwand ergeben immer den gleichen Korpus. Und zwei davon werden in immer dem gleichen (oder auch frei zu bestimmenden) Abstand auf einer Bodenplatte befestigt. Der Platz dazwischen wird durch eine Schubkastenreihe gefüllt, die so tief bemessen wird, daß sie den kompletten Stauraum bis zur Drempelwand nutzt. Damit das gut funktioniert, werden alle

Schubfächer mit Vollauszügen ausgestattet, die von außen an den gegenüberliegenden Korpusseiten angebracht sind. Die Korpusoberkante stößt hinten an die Wandschräge an. Lediglich die Korpusblende, die den seitlichen Abschluß der Anbaureihe bildet, muß an ihrer Oberkante der Schräge angepaßt werden – das gleiche gilt für den aufgesetzten Oberschrank. Alle Korpusplatten werden einfach nur mit Schnellbauschrauben verbunden. Sichtbare Köpfe deckt man mit Kunststoffkappen ab.

*Die Glastür* des Schranks besteht aus ge-
schlitzten Randleisten und 6 mm dickem Glas.
Die Scheibe wird in die Schlitze eingeklebt.

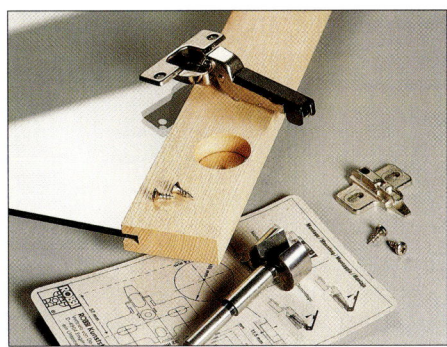

*Mit Topfbändern* wird die Glastür angeschlagen. Gebohrt wird vor dem Einkleben der
Scheibe, das Scharnier danach eingesetzt.

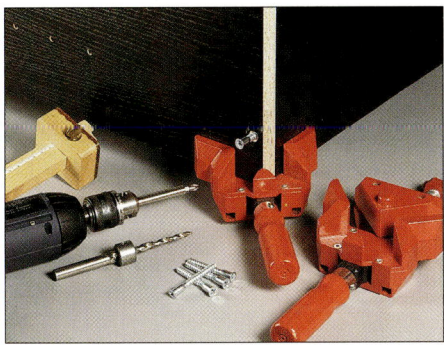

*Mit Winkelspannern* fixiert man während des
Bohrvorgangs die paßgenau zusammenge-
fügten Platten. Tiefenanschlag benutzen!

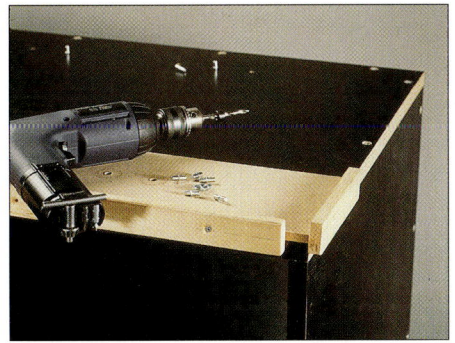

*Eine Bohrschablone* aus Restholz garantiert
exakte Lochreihen für die Bodenträger. Die
Zwischenwände ganz durchbohren.

*Auf einer Sockelplatte* werden die Korpusse
festgeschraubt. Die letzte Seitenwand mit
einer genau angepaßten Blende verdecken.

*Fachböden* oder Schubfächer füllen den Raum
zwischen den fest verschraubten Korpussen.
Das Zwischenmaß einhalten!

**91**

# Ein **Bausystem** mit vielen Möglichkeiten.

*Die Schranktüren,* auf Maß abgelängte Post-forming-Platten, mit Topfbändern anbringen. Die Deckplatte aufsetzen, unsichtbar fixieren.

*Die Schubladen* baut man stets so tief, wie es der vorhandene Platz bis zur Wand zuläßt. Je nach Dachform können das drei Stufen sein.

## Wie die Einbaumöbel aussehen, bestimmen Sie ganz allein

Die vier Fotos machen deutlich, wie vielseitig dieses Selbstbau-Möbelsystem ist. Das Baumaterial, 19 mm dicke Spanplatte mit Eschenholzstruktur in Schwarz, kann man sich schon beim Holzhändler passend zuschneiden lassen, wenn man zuvor eine Konstruktionszeichnung angefertigt hat, die auf die eigenen Bedürfnisse bzw. Raumverhältnisse abgestimmt wurde. Alle sichtbaren Schnittkanten werden mit aufbügelbaren Umleimern versehen, bevor man die Einzelteile zu einer entsprechen-

den Zahl von Korpussen verschraubt. Wer die Schraubenköpfe der Spaxschrauben schon beim Bohren mit einem aufgesteckten Senker ansenkt, spart einen Arbeitsgang. Die Bohrungen zum Einsetzen von Bodenträgern oder die Löcher für die Schubkastenvollauszüge sollten gemacht sein, bevor man die Platten verschraubt. Für die Schranktüren mit den Rastermaßen von 40, 50 und 60 cm gibt es beim Holzhändler eine ganze Reihe von vorgefertigten Türen oder Zuschnittplatten.

# Möbel unter der Schräge,

Der Höhe des Kniestocks und der Schräge des Dachs genau angepaßt ist diese Möblierung mit dem MachArt-System.

# perfekt nach Maß gebaut

**Schränke und Regale, die der Dachschräge angepaßt sind, kann man nirgends fertig kaufen. Eine Parade-aufgabe für den geschickten Selbermacher!**

Natürlich kann man sämtliche Möbel für das Dachgeschoß, wie der Tischler es vielleicht tun würde, individuell herstellen. Die andere Methode, zu einer schönen und praktischen Einrichtung zu kommen: Man nutzt die Bausteine eines Möbelbausystems und verändert sie entsprechend den baulichen Gegebenheiten unterm Dach. Das MachArt-System aus dem Hause Parador (Vertrieb über den Holzfachhandel) bietet sich für eine solche Nutzung an. Auf den folgenden Seiten zeigen wir, was man tun kann oder muß, wenn man sich die Arbeit leichtmachen will.

*Perfekt lackiert,* fertig für den Zusammenbau: ein Schrankkorpus mit zwei Seiten, der Rückwand, Ober- und Unterboden, zwei Türen.

*Nach einem Rasterbandmaß,* auf dem alle Montagepunkte markiert sind, werden die Verbindungsbeschläge in Lochreihen fixiert.

## Spezialbeschläge zur Montage

Wer genau wissen möchte, welche Vorteile die Nutzung eines Möbelbausystems auch für die Einrichtung der Dachschräge mit sich bringt, der sollte den Weg zu einem Holzhändler nicht scheuen. Dort nämlich (und nicht im Bau- und Heimwerkermarkt) finden sich die sogenannten Ideenstudios mit entsprechenden Fachberatern, die meist auch anhand von Ausstellungsstücken vorführen und erklären können, welche Vielzahl von Möglichkeiten in den vorgefertigten Elementen stecken. Ein kurzer Einblick gefällig? Also: MachArt-Möbelbauteile sind oberflächenbehandelte, einbaufertig vorbereitete Elemente, die in ihrer Qualität den handelsüblichen Qualitätsmöbeln in nichts nachstehen. Man bekommt sie in diversen Holzarten oder fix und fertig lackiert. Ist die Entscheidung für eine bestimmte Holzoberfläche gefallen, kann man sich gemeinsam mit dem Fachberater zusammensetzen und das Aussehen sowie die Ausstattung jedes einzelnen Möbels exakt planen. Grundlage jeder Planung ist ein großer

*An Halteplättchen* wird die Rückwand befestigt, nachdem die beiden Seiten mit dem Ober- und dem Unterboden verbunden sind.

*Auch für die Sockelblende,* die unterhalb des Unterbodens sitzt, gibt es spezielle Beschläge. Die Blende wird mit Clips daran befestigt.

*In den Lochreihen* der Korpus-Seitenwände werden die Kugellager-Vollauszüge festgeschraubt, wenn der Korpus verbunden ist.

Planungsrasterbogen, auf dem man die Möbel maßstabsgetreu skizzieren kann. Damit das Ihnen und den Fachberatern schnell von der Hand geht, ist das ganze System in einem Planungscomputer gespeichert. Der Computerausdruck enthält also sämtliche mit speziellen Kürzeln versehenen Bauteile wie unterschiedlich hohe Stollen, verschieden breite Türen, Schubfächer oder Einlegeböden usw. Diese Computerplanung hat übrigens noch einen Vorteil: Der Systemberater kann, sobald Sie den Entwurf akzeptiert haben, schon in Mark und Pfennig ausrechnen, was das Ganze kosten wird. Ein wenig Geduld müssen Sie allerdings mitbringen, bevor Sie Ihre Systemmöbel einbauen können: Das Anfertigen, das für jeden Auftrag gesondert geschieht, dauert etwa 4 bis 6 Wochen. Dann aber werden Ihnen die MachArt-Möbel angeliefert: sauber in Kartons verpackt, übersichtlich sortiert und gut beschriftet, so daß auch auf der „Baustelle" in Ihrer Wohnung alles glattgehen wird.

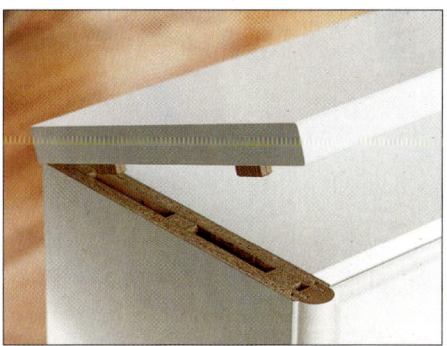

*Je zwei Kunststoffklötzchen,* mit der Abdeckplatte verschraubt, greifen in die Schlitze der Seitenteile. Die Positionen genau ausmessen.

*Die Schubfächer* bestehen aus Seitenwänden, Rückfront, Boden und einer Blende. Die Positionen für die Verbinder sind vorgebohrt.

*Die Türbeschläge* werden in den Bohrungen auf der Türinnenseite festgeschraubt, die Gegenstücke in den vorhandenen Lochreihen.

*Mit einer Handkreissäge, die auf einer Führungsschiene gleitet, gelingt der Zuschnitt der Stollen winkelgerecht und sauber.*

*Das Prinzip dieses Möbelbausystems gleicht einem Fachwerk. Reizvoller Effekt: das Kombinieren von furniertem und lackiertem Holz.*

*Die Position der Stollen markiert man mit Bleistift auf der Wand. Jeden Stollen einzeln ausmessen, anreißen und zuschneiden.*

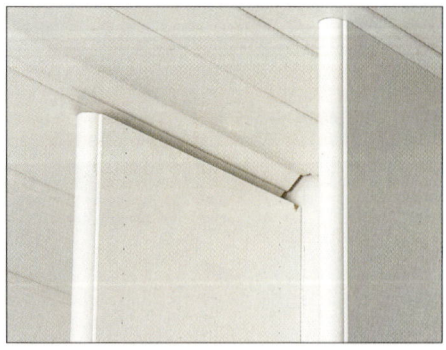

*Als Konstruktionsböden sind der oberste, der unterste und ein Fachboden in der Mitte angelegt. Alle anderen ruhen auf Bodenträgern.*

*Mit einer Schmiege kann man den Winkel von toten Ecken ausmessen, die verkleidet werden. Lotrechte per Wasserwaage ermitteln.*

## Eigenarbeit trotz Vorbereitung

Auch wenn das MachArt-System noch so gut ausgeklügelt ist: Beim Möbeleinbau unter der Dachschräge kommt man einfach nicht darum herum, einige Bauteile ganz genau auf die vor Ort herrschenden Bauhöhen anzupassen. In der Regel sind das die aufrechten, doppelwandigen Stollen, die ja so einem Einbaumöbel erst die gewünschte Form verleihen, wenn sie sich an die Schmiege der Dachverkleidung anpassen. Den genauen Standort jedes Stollens mißt man also vorher aus – und selbstverständlich auch die exakte Höhe. Dann muß man die Stollen, die vorsorglich mit etwas Überlänge bestellt wurden, ein wenig kürzen. Das ist mit einer Führungsschiene und einer guten Handkreissäge auch keine große Sache. Die Schnittkanten sollte man mit einer aufgeleimten, zuvor auf Form geschnittenen dünnen Leiste oder einfach mit einem aufbügelbaren Umleimerstreifen abdecken. Danach kann man die komplett vorgefertigte Regalwand aufstellen wie zuvor den Schrankkorpus.

*Füllstücke* kann man sich leicht aus einem Stollenrest fertigen. Nach der Schmiege anreißen, mit der Handkreissäge abschneiden.

*Die halbfertige Regalecke* läßt schon erkennen, daß Raum und Möbel gut harmonieren. Schubfächer und Türen fehlen noch.

### Einbaumöbel und Wandpaneele wie aus einem Guß

*Auch das ist einer der Vorzüge des MachArt-Systems: Da es – wie zahlreiche Wandpaneele auch – vom gleichen Hersteller kommt, passen die Holz- oder Lackoberflächen absolut stimmig zusammen. So fällt es auch dem handwerklichen Laien nicht schwer, zu einer Raumgestaltung zu gelangen, wie sie der Profi kaum besser hinbekommen kann. Auch hier sollte man sich im Parador-Ideenstudio beraten lassen.*

*Der Barschrank wurde passend zu dem fertig gekauften Servierwagen gebaut.*

# die unter Schrägen passen

*Auch mit Einzelmöbeln läßt sich der Raum unter der Schräge nutzen. Hier Ideen für einen Sekretär, einen Hobbyschrank und eine Bar.*

Hier zeigen wir drei Möbel als Vorschläge für die Dachschräge, die unterschiedlichen Funktionen dienen, aber nach einem System gebaut sind. Die aufgesetzten Dreiecke an den Möbelseiten sind genau gegenläufig zur Schräge, sie erscheinen wie Spiegelungen und und lockern die großen Seitenflächen auf. Durch roll- und ausziehbare Elemente – beim Barschrank der Servierwagen, beim Hobbyschrank der Container, beim Sekretär Rollauszüge – wird die Tiefe bis zum Kniestock voll ausgenutzt. Alle Stauräume und Flächen sind deshalb gut zu erreichen, ohne daß man sich gebückt unter die Schräge begeben muß. Baumaterial für die Schränke sind beschichtete 19 mm dicke Spanplatte und MDF-Platte, die farblos lackiert wurde.

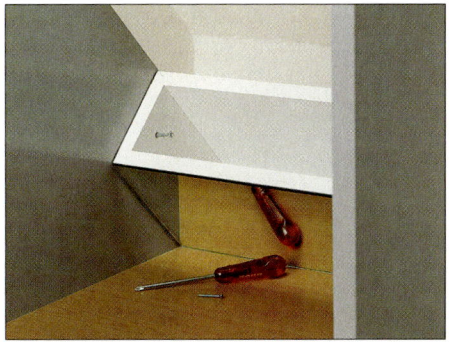

*Das Flaschenfach* aus beschichteter Spanplatte wird an die Korpusseiten geschraubt. Die Schrägen werden mit Spiegelglas verkleidet.

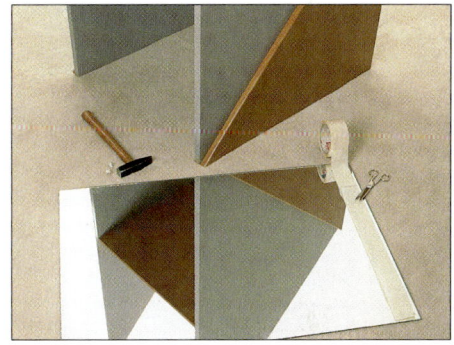

*Die Spiegel* werden mit doppelseitig klebendem Montageband angebracht. Die Oberflächen vorher mit Leichtbenzin entfetten.

*Mit Bodenträgern,* die in die Korpusseiten geschlagen werden, sichert man den Spiegel, falls das Klebeband seine Haftung verliert.

Der Schrank
mit seinem Roll-
container nimmt
alle Einzelteile
und Geräte der
Fotoausrüstung
und die Dia-
sammlung auf.

## Ein Rollcontainer bietet Platz

Der zweite Bauvorschlag für ein Dachschrägenmöbel ist ein Schrank für das Hobby. Hier wird viel Stauraum, zum Beispiel für alle Teile einer Fotoausrüstung, geboten. Kameratasche, Diaprojektor, Diamagazine und alles Kleinzubehör finden hier einen festen Platz und sind – nach Herausziehen des Rollcontainers – schnell zur Hand. Außerdem bietet sich die obere Platte als idealer Arbeitsplatz zum Rahmen und Sortieren der Dias an. Der Korpus, in den der Container hineingeschoben wird, ist der Dachschräge angepaßt. Auf seinem festen Konstruktionsboden, der die Seitenplatten zusammenhält, findet ein Fernsehgerät Platz. So wird der hinten spitz zulaufende Raum gut ausgenutzt.

Die Aufteilung des Containers in einzelne Fächer und Abteilungen richtet sich danach, was abgestellt und untergebracht werden soll.

*Die offenen Kanten* der beschichteten Spanplatten werden mit einem passenden Umleimer versehen, der aufgebügelt wird.

*Die Streifen* der Frontblende des Containers werden so montiert, daß der unterste bündig abschließt und der obere als Griff übersteht.

*Die Zwillingsrollen* unter dem Container erhöhen ihn um 8 cm. Das muß bei der Planung des Möbels einkalkuliert werden.

**103**

Je nach Auftei-
lung des Schrank-
oberteils findet
auch ein kleiner
PC mit Monitor
seinen Platz unter
der Schräge.

## Ein Sekretär in moderner Form

Wie bei einem klassischen Sekretär öffnet sich die Front dieses Dachschrägenmöbels als Schreibplatte und gibt die Ablagefächer dahinter frei. Anders als bei traditionellen Möbeln steht die Platte im geschlossenen Zustand senkrecht – gehalten von Magnetschnäppern. Die gewohnt schräge Fläche ist bei diesem Möbel an der der Wand zugewandten Seite. Unter der Klappe befinden sich ein flacher und drei hohe Schubkästen, die auf Kugelvollauszügen besonders leicht laufen. Da sich diese Schubkästen fast vollständig aus dem Schrankkorpus herausziehen lassen, kann der Platz unter der Schräge optimal genutzt werden. Der oberste flache Schubkasten ist gleichzeitig die Auflage für die heruntergeklappte Schreibplatte. Hätte der Schrank feste, durch Türen verschlossene Fächer, könnte man den weit hinten liegenden Stauraum nur mit einigen Verrenkungen erreichen.

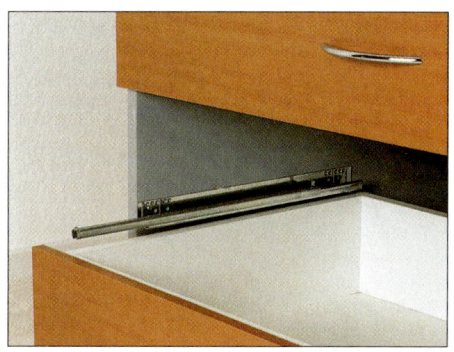

*Kugelvollauszüge* machen die Schubkästen besonders leichtgängig. Damit lassen sie sich fast vollständig aus dem Schrank ziehen.

*Die Klappe* wird mit Einlaßscharnieren angeschlagen. Man läßt sie flächenbündig in den Konstruktionsboden und in die Klappe ein.

*Der flache Schubkasten* ist gleichzeitig Stütze für die Schreibplatte. Gummipuffer als Auflagepunkte schützen die Oberfläche der Platte.

# Wand zu Wand eingebaut

**Von Wand zu Wand auf Maß gebaut, bietet dieser Badschrank viel Platz und gibt dem Badezimmer eine wohnliche Atmosphäre.**

*Dieser Bad-Einbau-schrank ist nur 20 cm tief und nutzt damit optimal die Stufe, die sich durch die im unteren Bereich einge-baute Vorwand-installation ergibt. Ein 90 cm hohes Regal als Raumteiler trennt das WC vom Wasch-tischbereich.*

Schränke für das Badezimmer gibt es in großer Zahl in verschiedenen Ausführun-gen und unterschiedlichen Größen fertig zu kaufen. Aber sie haben den gleichen Nachteil wie Kleiderschränke oder Schrankwände, die man kauft: Sie ver-schenken Platz. Kein fertiger Schrank hat genau die Maße, die zum Ausfüllen des vorhandenen Platzes benötigt werden. Sie sind entweder zu breit oder zu schmal und nutzen auch die Hohe nicht im gewünsch-ten Umfang aus.

Die beste Raumausnutzung erreicht man auch in diesem Fall durch den Selbstbau der Badmöbel. Nur dann kann man Schränke und Regale exakt auf Maß einbauen und die Aufteilung den gegebe-nen Umständen anpassen.

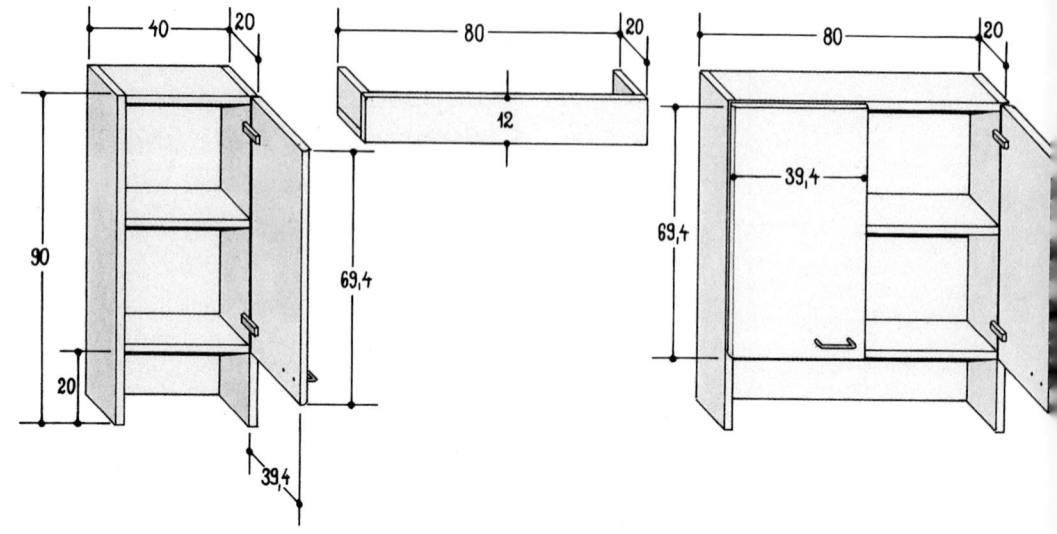

## Stufenförmige Verbindungsschrauben halten die Teile zusammen

Beständig gegen Feuchtigkeit und eine pflegeleichte Oberfläche, das sind die Eigenschaften, die das Baumaterial für einen Badezimmerschrank haben sollte. Und dabei soll das Ganze natürlich auch noch gut aussehen. Beschichtete Spanplatte für den Schrankkorpus und Postformingelemente mit Schichtstoffoberfläche als Türen erfüllen diese Bedingungen. Die Einzelteile läßt man vom Holzhändler zuschneiden oder sägt sie selber auf Maß, wenn man eine Säge mit hartmetallbestücktem Sägeblatt hat. Die strapazierfähigen Elemente haben abgerundete Längskanten und werden als 260 cm lange Streifen in vier Breiten geliefert. Daraus ergeben sich Schrankbreiten bzw. ein Rastermaß der Schrankabteile von 30, 40, 50 und 60 cm. Die Streifen werden entsprechend der Türhöhe abgelängt und die offenen Schnittkanten wie auch die Kanten der Spanplatte mit aufbügelbarem Umleimer verschlossen. Wenn sich die gesamte Breite des Schranks nicht genau durch die Türbreiten teilen läßt, wird das offene Abteil, in dem sich der Spiegel befindet, als Ausgleich genau angepaßt. Die hier wiedergegebene Zeichnung soll die Konstruktion erklären und entspricht dem auf diesen Seiten abgebildeten Schrank. Die angegebenen Maße sollen nur als Richtwerte gelten und müssen den örtlichen Gegebenheiten angepaßt werden. Bevor der Bau eines solchen Schranks beginnt, muß also geplant, gezeichnet und gerechnet werden. Am besten fertigt man sich eine Stückliste an, nach der man das Holz, die Beschläge und das Zubehör einkauft.

Zum Verbinden der Schrankteile haben wir Stufenschrauben eingesetzt. Die Schrauben haben ein Holzgewinde, einen glatten Schaft für das aufliegende Holz und einen Senkkopf mit Kreuzschlitz. Zum Vorbohren gibt es für diese Schrauben einen besonderen Bohrer, der stufenförmige Löcher mit drei Durchmessern bohrt: 5,3 mm für das Holzgewinde, 7 mm für den glatten Schaft und eine 10-mm-Ansenkung für den Schraubenkopf.

**108**

# den Raummaßen angepaßt.

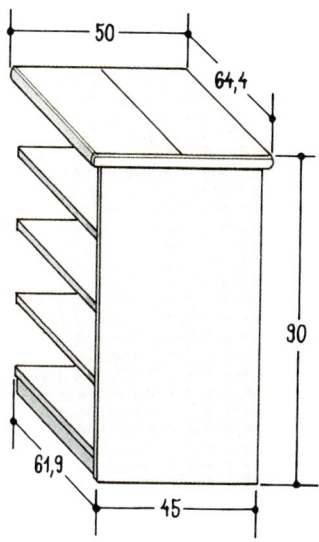

Die Maße für Wandschränke und Raumteiler sollen nur als Anhalt dienen. Sie müssen den räumlichen Gegebenheiten angepaßt werden.

*Die Einlegeböden* der Schränke können versetzt werden. Die Löcher für die steckbaren Bodenträger bohrt man vor dem Zusammenbau der Teile mit Hilfe eines Bohrständers.

*Die Einzelteile* der Schränke werden mit Zwingen paßgenau zusammengehalten und dann die Löcher für die Verbindungsschrauben mit einem speziellen Stufenbohrer gebohrt.

*Hartfaserplatte* mit weißer Oberfläche ist das Material für die Rückwände der Schränke. Sie stehen rundum ca. 5 mm zurück und werden mit Drahtstiften und Leim befestigt.

*Für die Scharniere* werden Sackbohrungen mit einem Durchmesser von 35 mm in den Türen benötigt. Die Bohrmaschine sollte dabei in einen Ständer gespannt werden.

## Topfscharniere für die Türen

Die Türen werden mit Topfscharnieren angeschlagen. Diese Scharniere gibt es mit verschiedenen Öffnungswinkeln. Normal sind 95°, praktischer sind 135°, und wenn die Türen weit öffnen sollen, wählt man 170°-Scharniere. Die Türen werden so angebracht, daß sie vor den Schrankkorpus schlagen.

Für die Montage dieser Scharniere braucht man eine Sackbohrung in der Tür mit 35 mm Durchmesser. Dafür gibt es spezielle Bohrer. Zum Festlegen der Bohrlochposition ist der Scharnierpackung eine Schablone beigelegt. Beim Bohren der Löcher sollte die Maschine in einen Bohrständer mit Tiefenanschlag gesetzt werden.

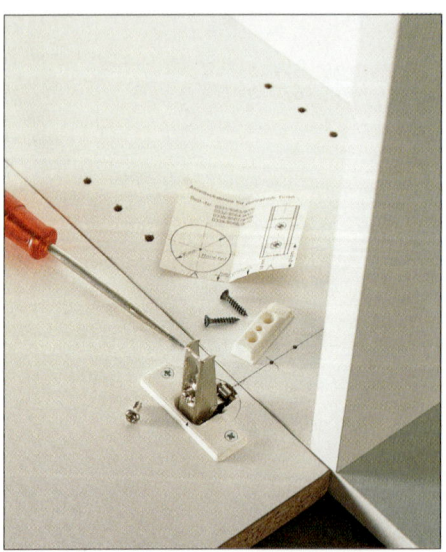

*Die Montageplatte* der Scharniere wird an den Schrankkorpus geschraubt. Die richtige Position dafür ermittelt man durch Anhalten der Tür mit dem eingesetzten Scharnier.

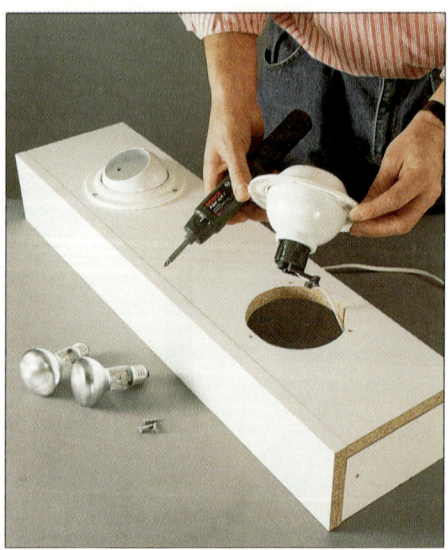

*Wie eine Brücke* wird der Kasten für die beiden Einbauleuchten über dem Spiegel zwischen die Schränke gesetzt. Der Ausschnitt für die Strahler wird per Stichsäge hergestellt.

**Der Raumteiler,** der zwischen WC und Waschtisch kommt, wird auf die gleiche Weise hergestellt wie die Wandschränke. Auch seine Maße richten sich nach den Gegebenheiten.

**Die Tischplatte** des Raumteilers besteht aus zwei Plattenstreifen, die in der Mitte verleimt und verdübelt sind. Die offene Vorderkante wird durch eine angepaßte Leiste verdeckt.

**Den unteren Abschluß** der Schränke bildet ein Plattenstreifen (vorn abgerundete Fensterbank), der auf dem vorspringenden Kasten der Vorwandinstallation plaziert wird.

**Mit Winkeln** werden die Wandschränke, deren Gewicht auf dem Wandsockel liegt, an der Wand befestigt. Der Leuchtenkasten kommt dann zwischen die beiden Schränke.

Wo Jalousietüren im Spiel sind, können auch andere Formen als bei unserem Schrank gewählt werden. Außen- und Innenrundungen sind dabei für dieses Türsystem kein Problem.

# Schranktüren in die Kurve

*Rundungen haben ihren Reiz – das gilt auch für Möbel, bei denen man sonst eher an eckige Formen gewöhnt ist.*

Überall, wo herkömmliche Türen stören, z. B. weil ein Raum klein oder ein Durchgang schmal ist, sind Schiebetüren eine beliebte Alternative. Mit Jalousietüren, die man horizontal und vertikal einbauen kann, hat man die eleganteste und vielseitigste Lösung gewählt. Sie sind nicht nur platzsparend, sondern auch leichtgängig und besonders gut für Möbel mit abgerundeten Formen geeignet. Ein typisches Beispiel dafür ist dieser Eckschrank, der fest unter eine Dachschräge gebaut wurde. Hier wurden 8 mm dicke Jalousieelemente aus Kunststoff verwendet, deren Oberfläche einen mattglänzenden Edelstahllook aufweist. Die sanften Rundungen, die für eine reibungslose Funktion der Türen sinnvoll sind, wurden auch für das Design genutzt. Die beiden Außenseiten des Schranks führen in einem weichen Bogen an die Wände des Raums.

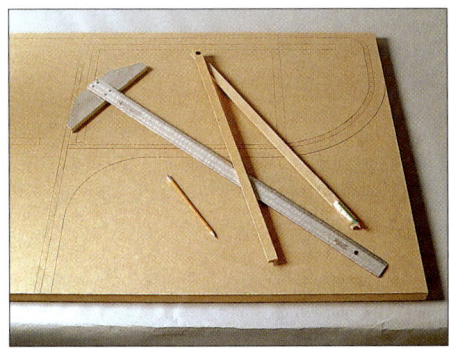

*Mit einer Reißschiene und einem selbstgefertigten Zirkel werden die Formen und Rundungen auf die MDF-Platte gezeichnet.*

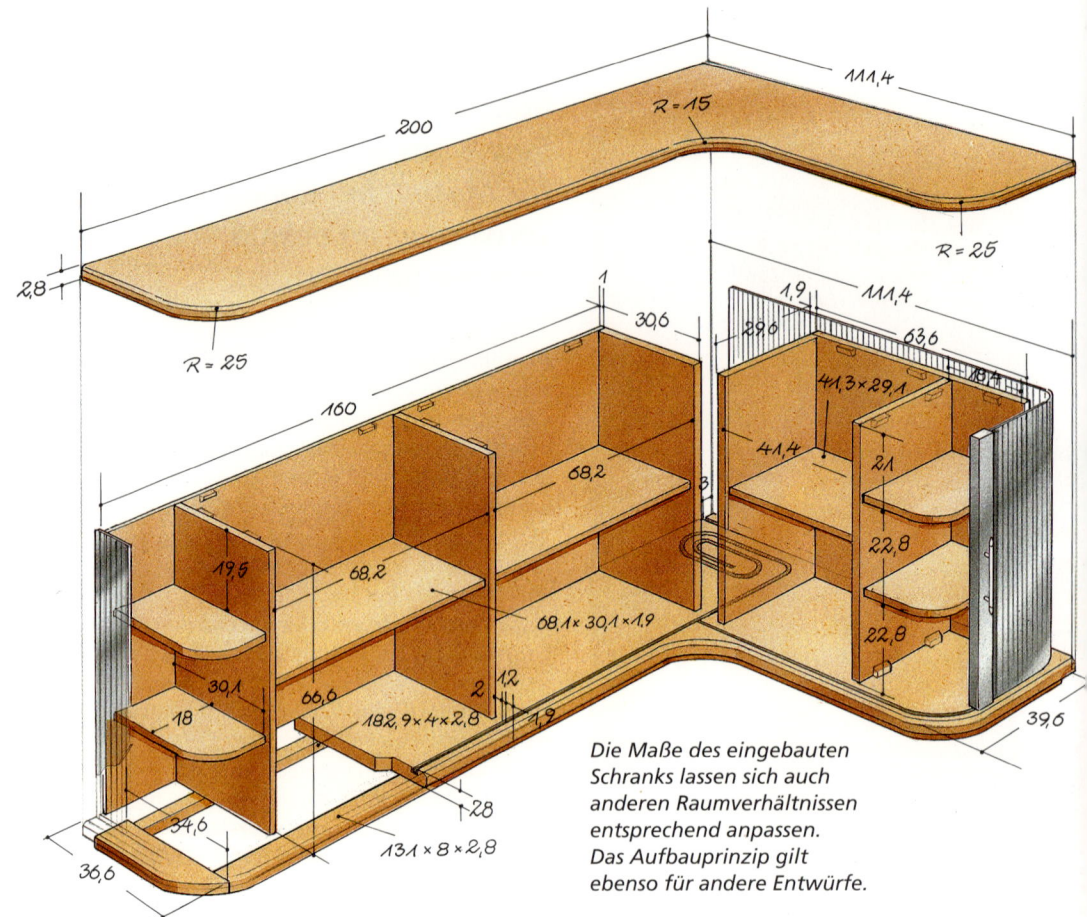

200 · 111,4 · R = 15 · R = 25 · 2,8 · R = 25 · 160 · 30,6 · 1 · 1,9 · 111,4 · 29,6 · 63,6 · 41,3 × 29,1 · 68,2 · 41,4 · 2,1 · 3 · 19,5 · 68,2 · 68,1 × 30,1 × 1,9 · 22,8 · 30,1 · 2 · 1,2 · 22,8 · 18 · 66,6 · 182,9 × 4 × 2,8 · 1,9 · 34,6 · 28 · 39,6 · 36,6 · 131 × 8 × 2,8

*Die Maße des eingebauten
Schranks lassen sich auch
anderen Raumverhältnissen
entsprechend anpassen.
Das Aufbauprinzip gilt
ebenso für andere Entwürfe.*

## Eingelassene Schienen weisen der Jalousie den richtigen Weg

Zu dem Jalousiesystem gibt es passende
Schienen zum Einlassen, Bogenführungen
sowie Schließ- und Abschlußlamellen.
Bestellen kann man das Material im
Fachhandel für Tischlereibedarf oder über
einen freundlichen Tischlereibetrieb, der
sich mit dem Möbel- oder Ladenausbau
beschäftigt.

Selbermacher, die den Eckschrank – oder
ein selbst entworfenes Jalousiemöbel –
nachbauen wollen, sollten schon Erfah-
rungen mit Tischlerarbeiten verfügen
sowie Übung mit den erforderlichen
Werkzeugen haben. Eine Tischkreissäge,

eine Stichsäge, eine Bohrmaschine und,
besonders wichtig, eine Oberfräse sollten
verfügbar sein, wenn man sich an die
Arbeit machen will.

Das Bauprinzip (s. Zeichnung) ist schnell
erklärt. Der Korpus besteht aus je einer
dicken MDF-Platte für Ober und Unterboden sowie aus stabilen, mit der festen
durchgehenden Rückwand verschraubten
Innensegmenten. Die beiden Böden müssen relativ dick sein (28 mm), weil sie zum
Einlassen der Laufschienen genutet werden. Diese Nuten werden mit einer Oberfräse hergestellt, deren Fräser dazu in drei

# Türen eine besondere Note.

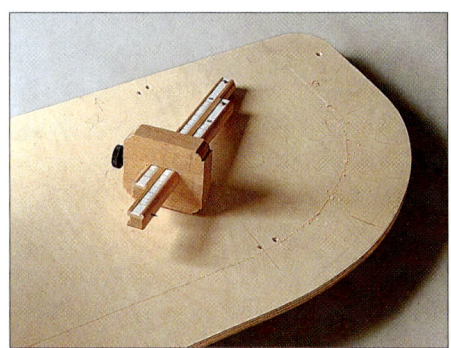

*Eine Sperrholzplatte,* auf die Form gesägt wie die Böden und an der Kante fein geschliffen, dient als Schablone für die Oberfräse.

*Den Grobzuschnitt* für die Böden macht man mit der Stichsäge. Die Säge wird dabei etwas außerhalb der späteren Kante geführt.

*Die Schablone* wird auf dem Boden festgestiftet und die Außenkontur gefräst. Dann die Schablone verkleinern und die Nut fräsen.

*Die Böden lackieren* und die Laufschienen in die Nut kleben. Zum Biegen in den Kurven die Schiene mit dem Heißluftgerät erwärmen.

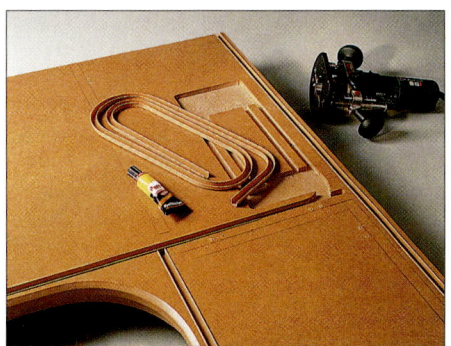

*Für die Kurven* der schneckenförmigen Schiene eine Fläche frei fräsen. Die Geraden der Schnecke in gefräste Nuten kleben.

*Geschraubte Möbelverbinder* halten die Teile des Schranks zusammen. Ober- und Unterboden sind identisch, aber spiegelverkehrt.

# Hier ist genaues Arbeiten unverzichtbar.

*Die Innensegmente des Schranks werden stumpf mit Spaxschrauben (vorbohren!) und Weißleim zusammengesetzt.*

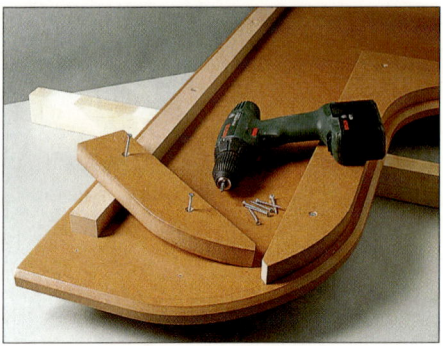

*Als Sockel kommen unter den Unterboden auf Form geschnittene Plattenstreifen. Sie springen um wenige Zentimeter zurück.*

Stufen 10 mm tief in das Material gehen muß. Geführt wird die Fräse durch einen Kopierring, der die Form einer aus Sperrholz angefertigten Schablone abtastet. Auch die schneckenförmig gebogenen Schienen, in der die aufgeschobene Jalousie aufgerollt wird, muß auf die gleiche Höhe gebracht werden wie die einfachen Laufschienen. Dazu werden entsprechend große Flächen frei gefräst. Die Schienen werden in die Nuten geklebt. Damit sie in den weichen Kurven nicht knicken oder plattgedrückt werden, erwärmt man den Kunststoff mit einem Heißluftgerät. Zusätzlich können eingelegte Furnierstreifen die Schiene aussteifen.

Das Einlassen der Schienen muß besonders sorgfältig erfolgen, denn die Führungen für die Jalousien müssen in Ober- und Unterboden exakt übereinander liegen. Ist das nicht der Fall, klemmt die Jalousietür beim Schieben.

Mit winkelförmigen Schrankverbindern werden dann die Einzelteile des Schranks zusammengesetzt.

*Die Innensegmente und die beiden Böden werden verbunden. Anschließend die eingepaßten Jalousietüren einschieben.*

*Die Jalousie und die Endlamellen kann man auf der Tischkreissäge zuschneiden.*

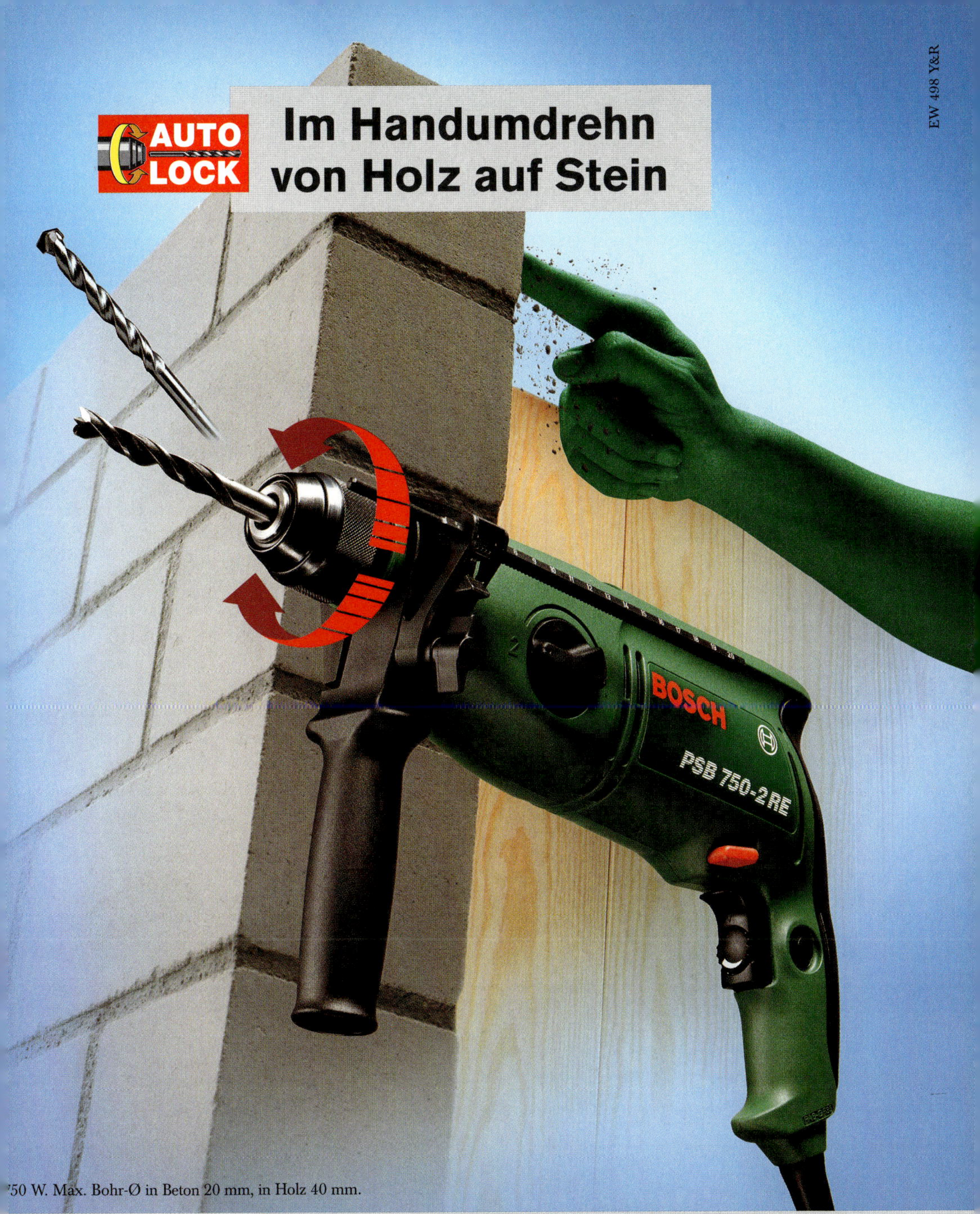

# Gut gelöst: Versteckter Stau-

Der durch eine neu ge-
zogene Wand entstandene
Schrankraum wurde von dem
hinteren Zimmer abgeteilt,
der Zugang erfolgt vom
vorderen Raum durch
die vorhandene (transparent
gezeichnete) Trennwand.

# raum unter schrägem Dach

**Manche Schränke passen nicht, weil der Platz fehlt oder die Schräge stört. Kleine Schränke nutzen den Platz nicht optimal. Die Lösung: eine Kleiderkammer.**

Zwei angrenzende Zimmer des ausgebauten Dachs sind in diesen Kleiderkammereinbau einbezogen. Die vorhandene Leichtbauwand, die die Zimmer trennt, ist als Schrankzugang durchbrochen, und der Schrankraum selber wurde von dem dahinterliegenden Zimmer durch eine zusätzliche neu gezogene Wand abgeteilt. Statt einer Tür verschließt ein eingepaßtes Regalsystem – teilweise auf Rollen – den Zugang zu dem begehbaren Schrank. So wird durch den Einbau nicht nur Schrankraum, sondern auch Regalstellplatz gewonnen.

*Verschlossen wird der Schrankzugang durch ein in der Schräge angepaßtes Regal, das man leicht zur Seite rollen kann.*

## Die Wand wird durchbrochen

Da jede Raumsituation anders ist, kann die hier gezeigte Lösung nur als Beispiel dienen. Die neue Trennwand, die in dem hinteren Raum die Schrankfläche abteilt, wird als Leichtbauwand ausgeführt. Sie besteht aus einem Gerüst aus Dachlatten (4 × 6 cm). Ein Rahmen aus Latten wird dazu auf den Boden, an die Wände und die Schräge geschraubt. Durch senkrechte Latten, die dazwischengesetzt werden, unterteilt man die Fläche in einzelne Felder. Die Latten werden unten und an der waagerechten Decke mit Winkeln befestigt, an der Schräge durch Stichschrauben gehalten. Das so entstandene Gerüst wird von beiden Seiten mit Gipskartonplatten verkleidet, der Zwischenraum als Schalldämmung mit Mineralwolle ausgefüllt. Mit einer Stichsäge wird der Schrankzugang durch die vorhandene Wand hergestellt. Eine neu eingebaute Laibung aus Latten bildet dafür die Umrahmung.

*Die Wand (oben) wird als Zugang durchbrochen, der begehbare Schrankraum wird vom Zimmer dahinter abgeteilt (links).*

*Wasserwaage und Zollstock benötigt man, um die Länge der senkrechten Latten zwischen Boden und Dachschräge zu bestimmen.*

# Schrankraum ab.

*Die Abstände* der Latten richten sich nach der Breite der Gipsplatten. Die entstehenden Fächer werden mit Mineralwolle ausgefüllt.

*Die Schrägen* müssen genau angepaßt werden. Zugeschnitten werden die Platten durch Anritzen und Brechen über eine Kante.

*Mit Schnellbauschrauben* werden die Platten auf den Latten befestigt. Die Plattenfugen flächenbündig mit Spachtelmasse ausfüllen.

*Die alte Trennwand* wird mit der Stichsäge eingeschnitten. So kann man Dicke und Aufbau sowie die Lage der Latten feststellen.

*Die Wand* einseitig freilegen und den Durchgang aussägen. Die Eckpunkte durchbohren und die Schnitte auf der Rückseite markieren.

*Als Laibung* werden eingepaßte Latten zwischen die Verkleidungsplatten gesetzt und im Durchgang ein Blendrahmen montiert.

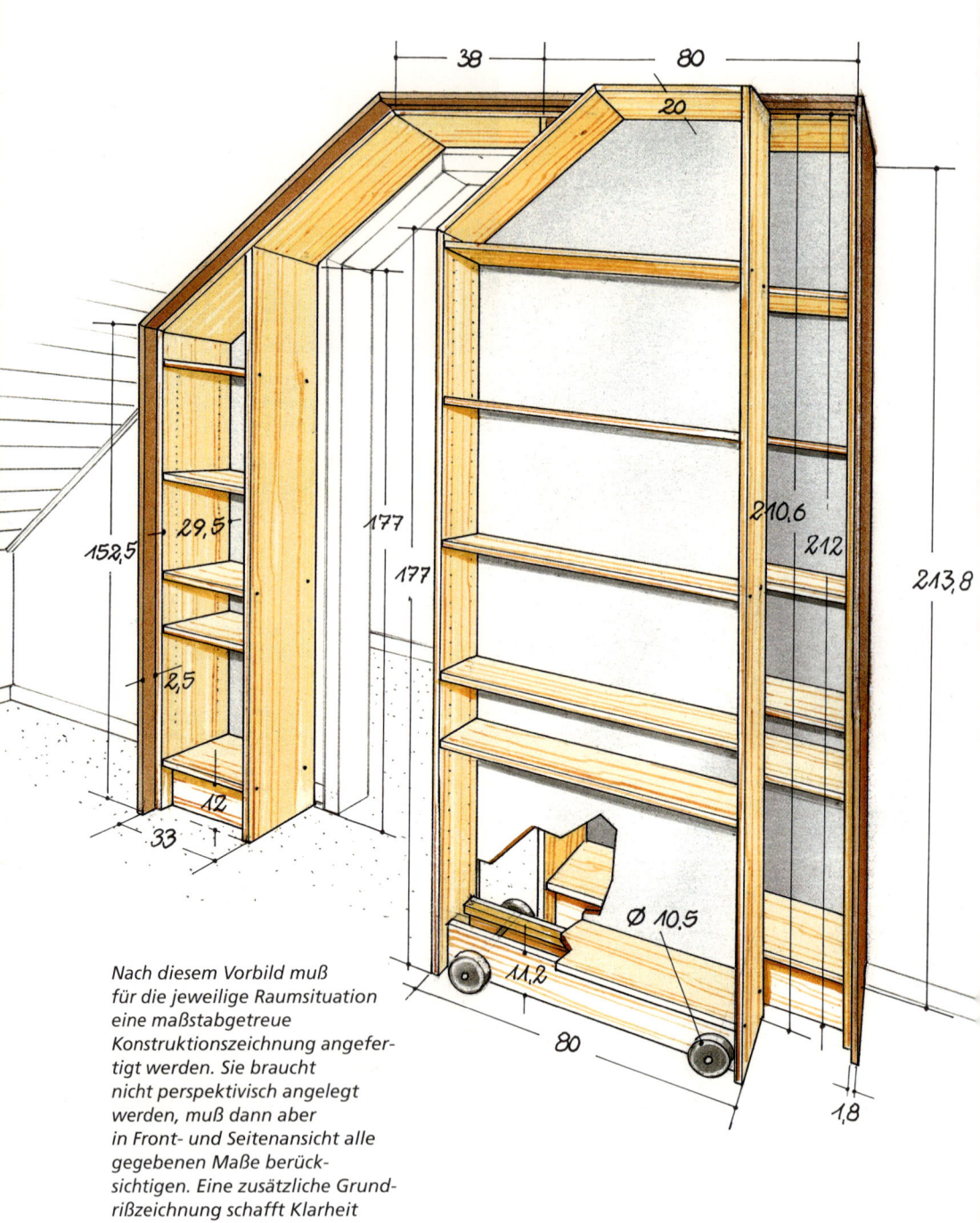

Nach diesem Vorbild muß
für die jeweilige Raumsituation
eine maßstabgetreue
Konstruktionszeichnung angefertigt werden. Sie braucht
nicht perspektivisch angelegt
werden, muß dann aber
in Front- und Seitenansicht alle
gegebenen Maße berück-
sichtigen. Eine zusätzliche Grund-
rißzeichnung schafft Klarheit
über den Platzbedarf.

## Leimholz als Baumaterial

Die Konstruktion, die vor und neben den Schrankzugang gebaut wird, besteht aus zwei Teilen: einem festen Einbauregal links und rechts neben dem Zugang und einem verschiebbaren Regal direkt davor. Das feste Regal besteht aus zwei separaten Elementen, die oben durch eine Blende miteinander verbunden sind. Auf der einen Seite wurde das Regal der Dachschräge angepaßt, auf der anderen Seite wurde die Höhe der Zimmertür als Regalhöhe aufgenommen. Die beiden Segmente werden aus 30 cm breiten und 1,8 cm dicken Leimholzstreifen aus Fichte gebaut, deren sichtbare Kanten man anfast. Die festen Konstruktionsböden und die Sockelteile werden mit den Seiten fest verschraubt. Dazu werden stufenförmige Verbindungsschrauben eingesetzt. Die Rückwand aus 1 cm dickem Sperrholz wird in einen Falz gesetzt und auf die miteinander verbundenen Regalteile geschraubt, sie gibt der Konstruktion Stabilität. Die losen Böden ruhen auf steckbaren Regalträgern, für die Bohrlochreihen angefertigt werden.

*Montage* der Regalteile: paßgenau zusammenspannen, mit dem Stufenbohrer vorbohren, die Verbindungsschrauben eindrehen.

*Für die Schmiegen* (schräg zugeschnittene Ecken) normale Spaxschrauben verwenden. Die Schraubenköpfe gut versenken.

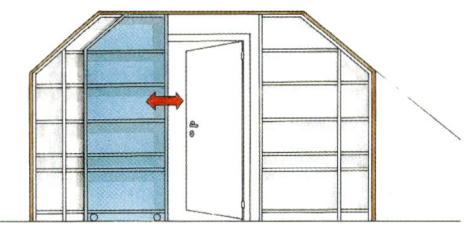

*Einbaubeispiele: Bei engen Dachräumen mit Zimmertür in der Wandmitte kann das Einbauregal an beiden Seiten bis an die Dachschräge reichen. Bei diesem Vorschlag machen zwei rollbare Regale die doppelte Tiefe nutzbar. Zum Öffnen werden sie vor die Zimmertür gezogen.*

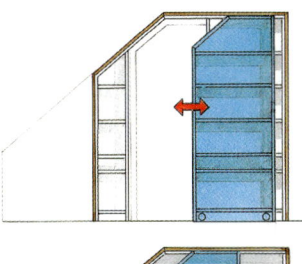

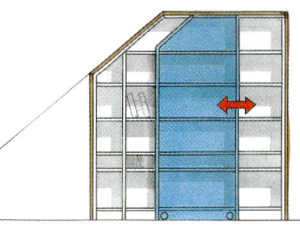

*Eine Konstruktion für zwei Lösungen: oben als Schiebetür vor dem Durchgang und unten als einfaches Doppelregal, bei dem man gegenüber einem einfachen Regal die doppelte Tiefe nutzen kann.*

*Die Rückwand* wird in einen Falz gesetzt. Er wird gefräst oder entsteht durch zwei rechtwinklig gegeneinandergesetzte Sägeschnitte.

*Ein Schiebetürprofil* mit Gleitern hält das Rollregal in der Spur. Es wird mit Kleber in eine gefräste Nut gesetzt.

## Natur oder farbig behandelt

Mobil wird das Regal, das als Tür dient, durch vier große Rollen, die in den Sockel eingebaut sind. Sie laufen auf Achsen, die durch die Sockelbretter gesteckt sind. Der Durchmesser der Rollen beträgt 10 cm, sie sind gummibereift. Ist der Teppichboden nicht zu hochflorig, können sie direkt darauf laufen. Bei sehr weichen Bodenbelägen müssen Bretter oder Metallprofile als Laufbahn ausgelegt werden.

Da bei unserer Lösung der Durchgang in die Dachschräge ragt, mußte auch das Regal auf einer Seite angeschrägt werden. Damit das rollbare Regal nicht vom Weg abkommt, muß es geführt werden. Das geht mit Gleitern und Profilschienen aus Metall oder Kunststoff, die ineinandergreifen. Dieses System wird sonst für Schrankschiebetüren eingesetzt.

Als Schutz für die Holzoberfläche und zur Verschönerung bieten sich Beize und Lack, farbloses bzw. Color-Holzwachs oder einfaches farbloses Holzöl an. Verschiedene Bauteile der Regale können auch farblich gegeneinander abgesetzt werden.

*Das eingebaute Regal* wird vor der Wand verschraubt. Die beiden Segmente werden durch eine Blende miteinander verbunden.

*Für die Lagerung* der Radachsen erhält das Rollregal auch hinten eine Sockelblende. Die Rollen stehen nach unten ca. 1 cm über.

# Wir bringen
# Ihre Möbel um
# die Ecke.

# Stichwortregister

**Fotografen:** Ariadne Ahrens, Seite 88–99; Jörg Jochmann, Seite 20–31; Reneé Lauert, Seite 44–61, 100–105; Jörn Uwe Lindemann, Seite 39, 41, 42; Marco Moog, Seite 38, 41: Karin Vogel-Berensmann, Seite 32–37, 82–87, 107–111; Petra Stange, Seite 8–19, 62, 64–81, 112–116, 119–124.
**Zeichnungen:** Tillman Straszburger, Seite 15, 16, 19, 28, 40, 69, 72, 78, 84, 89, 90, 108, 114, 118, 119, 122, 123.

# selber machen

## Die Bücher, mit denen das Schaffen zu Hause mehr Spaß macht.

60300

60317

60305

60309

60310

60312

60318

60316

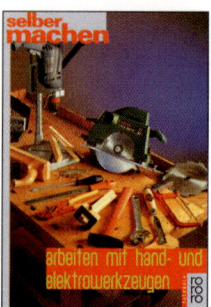

60319

Ferner liegen vor:

**Tapezieren. Streichen. Lackieren.**
60301

**Fußböden verlegen – Teppich, Holz, Kunststoff**
60302

**Badeinbau und Sanitärarbeiten**
60303

**Energiesparen durch Wärmedämmung**
60304

**Dachboden ausbauen**
60306

**Küche renovieren und einbauen**
60307

**Türen, Fenster und Treppen einbauen**
60308

**Wände und Decken vertäfeln**
60311

**Einbruchschutz**
60313

**Rustikale Möbel bauen**
60314

**Gewässer im Garten**
60315